RELATION

DE CE

QVI S'EST PASSE'

DANS

LES INDES ORIENTALES

EN SES TROIS PROVINCES

DE GOA, DE MALABAR, DV IAPON,
de la Chine, & autres païs nouuellement
deſcouuerts. Par les Peres de la Compagnie de IESVS.

PRESENTEE A LA SACREE'
Congregation de la Propagation de la Foy,
Par le P. Iean Marucci Procureur de la
Prouince de Goa, au mois d'Auril 1649.

O.
1647.

A PARIS,

Chez { Sebastien Cramoisy,
Imprimeur ordinaire du Roy,
& de la Reyne Regente:
ET
Gabriel Cramoisy. } ruë S.
Iacques
aux Ci-
cognes.

M. DC. LI.

AVEC PRIVILEGE DV ROY.

A MONSEIGNEVR,

MONSEIGNEVR

l'Illustrissime & Reuerendissime

EVESQVE

DE BAYEVX, &c.

ONSEIGNEVR,

Si i'ose faire paroistre en public cét imprimé sous les auspices de vostre illustre nom, & à la splendeur des signalées vertus, desquelles vous ornez plus dignement vostre Tiare, qu'elle n'est enrichie de son or, ny de ses pierreries, ie

ã ij

me promets tant de voſtre bonté, que
non ſeulement vous approuuerez les mo-
tifs, leſquels m'y ont conüié, mais auſſi
que mon deſſein meritera quelque part
à vos agreemens, & à vos faueurs.

Pour le premier comme ce narré contient pluſieurs nobles conqueſtes de l'E-
uangile remportées depuis peu ſur l'impie-
té en ces vaſtes regions de l'Orient, elles
n'ont pû voir le iour auec plus d'éclat &
d'authorité, que ſous la protection d'vn
grand Prelat, qui par l'exemple de ſes
ſainctes actions, & par le zele tres ar-
dent au ſalut de ſon peuple, nous fait re-
uiure en ſa perſonne les Spires, les Vi-
gors, & ces autres glorieux conquerants des ames, leſquels ont fleuri iadis
auec tant de loüange dans çe tres celebre
Dioceſe.

Quant au ſecond, i'aprends MON-
SEIGNEVR, des ſainctes Lettres,
que l'honneur pour eſtre parfait & ac-
compli, outre les paroles, & autres mar-

ques exterieures de respect exige aussi des
mains quelques effets , qui seruent de
gage & de caution des sentimens inte-
rieurs du cœur. Ainsi ce Sage Legislateur
ordonne à son peuple d'honnorer Dieu,
non seulement de la bouche, mais encores
des premices de ses mains, & l'Histoire
des Roys nous represente Saül, qui ayant
à se trouuer deuant Samuel, recherche si
soigneusement ce qu'il porteroit, comme il
parle, à l'honneur de Dieu.

Suiuant donc les maximes de cette
sacrée morale , agreez MONSEI-
GNEVR , qu'aux premiers deuoirs
d'honneur que i'ay tasché de vous rendre
selon les obligations que i'en ay eu, ie
ioigne maintenant ce petit ouurage, afin
de ne point paroistre deuant vous les
mains vuides , ayant le cœur tout plein
de respect & de veneration en vostre
endroit.

Et certes si ces Relations de l'Italien,
auquel leur autheur témoin oculaire de la

ã tij

pluspart des raretez & des merueilles
qu'il y raconte, ont apris de moy noftre
François, ce n'a point efté feulement pour
le faire entendre à tous ceux qui fe plaifent
à la lecture de ces fainctes curiofitez, mais
mon intention a efté principalement, afin
qu'elles portaffent fur leur frontifpice les
preuues effectiues de l'honneur, lequel en
toute fa plenitude & perfection ie rends
à voftre grandeur auec les proteftations
publiques d'eftre à iamais,

MONSEIGNEVR,

Voftre tres-humble, & tres-
obeïffant feruiteur,
IACQVES DE MACHAVLT,
Rel. indigne de la C. de IESVS.

Du College Royal de Caën,
ce 17. Decembre 1650.

TABLE
DES MISSIONS
CONTENVES EN CETTE
PRESENTE RELATION.

Missions

Permiſſion du R. P. Prouincial.

NOVS CLAVDE DE-LINGENDES Prouincial de la Compagnie de IESVS en la Prouince de France, auons accordé au ſieur SEBASTIEN CRAMOISY Libraire, Imprimeur ordinaire du Roy, Ancien Eſcheuin & Conſul de la Ville de Paris, l'Impreſſion de la Relation des Indes Orientales.

CLAVDE DE-LINGENDES.

Fait à la Fleſche le 12, Decembre 1650.

S. XAVIER.

Ego plantaui, Deus incrementum dedit. 1ᵃ Cor. 3ᵉ.
Mich. van Lochom fecit et excud. auecg Pri du Rey.

RELATION

DES MISSIONS

DE LA PROVINCE

DE GOA.

MINENTISSIMES
ET REVERENDISSIMES
SEIGNEVRS,

Les autres Ordres Religieux auront
fans doute déja manifesté à vos Eminences par leurs Relations particulieres,
ce qu'ils font auec beaucoup de ferueur
& de zele dãs les Indes Orientales; pour
moy ie toucheray briefuement icy cer-

A

taines choses d'edification sur les Missions de la Compagnie de Iesus, en la
prouince de Goa.

Et deuant tout, pour auancer vn mot
de ce qui me concerne, ie vous diray
que cette prouince là, de laquelle ie
suis, me choisist l'an passé en sa Congregation prouinciale pour son Procureur,
selon qu'il se pratique parmy nous dans
le terme de certaines années, afin de venir traiter ses affaires tant à Rome, qu'en
Portugal, & entre les autres commis-
sions qu'elle m'a donnés, l'vne a esté que
ie vinsse en personue rendre les deuoirs
de respect & d'honneur à vos Eminences, leur tesmoignant l'allegresse, que
tous ont eu par l'aduis, qu'ils ont receu
d'estre membres & Missionnaires de cette sacrée Congregation, & le desir, que
tous pareillement conseruent de la ser-
uir & d'executer ses commandements &
instructions.

Nostre prouince de Goa est de grande estenduë : car elle commence du
Royaume de Monotapa, & arriue iusqu'à Cochin, où est l'entrée d'vne autre
prouince que nous auons aussi dans l'Inde, & qui se nomme de Malabar. Or de

Monotapa iufqu'à Cochin il y a en longueur plus de mille lieuës, qui paffent
plus de trois milles d'Italie. En ces vaftes
efpaces de terre nous auons plufieurs
Colleges auec multitude de Religieux,
qui pour l'ordinaire habitent fur le bord
de la Mer, dans les villes principales fu-
jettes à la Couronne de Portugal. Tels
font les Colleges de Mofambique, de
Diu, de Daman, Baffaim, Thana, Ban-
dora, Ciaul, Racciol, la maifon Profeffe
de Goa, auec l'Hofpital & le logis des
Catechumenes, le College de S. Paul
le nouueau, auec le Seminaire de faincte
Foy, le College de fainct Paul le vieux,
& le Nouitiat en l'Ifle de Giuary.

I'obmets de rapporter icy le fruit qui
fe recueille en ces Colleges, nommement auec les Europeans, par le moyen
de nos Religieux, pour ne le point en-
fermer foubs le nom de Miffions, bien
qu'il luy conuienne en grande partie,
dautant qu'ils traitent encore auec les
Indiens, & en conueriffent à Dieu plufieurs chaque année.

Quant aux Miffions dans lefquelles
nous auons peu de commerce auec ceux
d'Europe, & fommes quafi tous em-

ployez auec les Orientaux, les vnes sont
establies en diuerses contsées subietes à
plusieurs Princes infideles ; les autres
sont en païs qui releue du Roy de Portugal. Ie diray de toutes en particulier
quelque chose , afin de donner à vos
Eminences vne suffisante information
de leur estat present.

Mission de Monotapa , qu'on nomme Riuiere de Coama.

Douze de la compagnie demeurent
dans cette Mission , esloignee du
Mosambique plus de six cents milles,
elle a esté fondée par le seruiteur de
Dieu le P. Gonsalue de Sylueria de la
moison des Comtes de Soreilla, lequel
y mourut pour la foy. Chacun de ces
Missionnaires tient en charge vne partie
de ces peuples , dont plusieurs sont
Chrestiens , mais Payens pour la plus-
part, & aucuns Musulmans, c'est à dire
Mahumetans de secte.

Le trauail que souffrent ces Peres, est
tres-grand, non seulement pour demeu-

rer loing des vns des autres, c'est à sçauoir, qui de cent milles, qui encores
plus, & pour n'auoir de communication
que rarement auec les Europeans, mais
dautant qu'il est necessaire qu'ils viuent
en des continuels perils, soit des habitans du pays, pour les continuelles guerres qu'ils se font les vns aux autres, soit
pour les bestes sauuages, comme Ele-
phants, Tigres & Lyons, desquels les
bois sont pleins par lesquels ils doiuent
passer, soit encore pour d'autres accidents, qui ne se trouuent point si fre-
quents en aucune autre partie du monde qu'en cette-cy. Nous aprismes l'an
passé par les lettres des nostres, qu'vne
si prodigieuse multitude de Sauterelles
auoit couuert tous ces pays, qu'elle n'a-
uoit pas laissé entier vn espic de millet,
qui est leur nourriture plus ordinaire. Les
Habitants se seruent d'vn estrange remede contre ce mal, qui les attaque souuent, c'est qu'ils ramassent autant qu'ils
peuuent de ces bestioles, les seichant,
partie au feu dans les fours, partie au So-
leil parmy les champs, & les ayant se-
chés, les broyent en vne poussiere tres-
menuë, & de cette farine, qu'ils confer-

uent long-temps, ils font du pain, lequel
leur semble de meilleur goust & plus sa-
uoureux à leur palais , que n'est au nostre
celuy de froment. Mais comme ceux qui
sont éleuez à la façon de viure plus po-
lie de l'Europe, n'ont pas peu de difficulté de s'acommoder à cette sorte de pain
de ces barbares ; il est aussi necessaire
qu'ils endurent beaucoup, se voyants re-
duits à de semblables disettes, Les fruits
toutesfois qui se tirent de ces souffrances
apportent à la Religion de notables
auantages: car non seulement ils main-
tiennent plusieurs milliers de ces Négres
en la Foy par l'administration des Sacrements, & par le Catechisme ; mais de
plus, tous les ans ils en baptisent d'autres
en grand nombre, particulierement à la
Teté & à la Sené , dans l'estenduë desquels pays viuent infinis gentils vassaux
des Portugais.

L'an passé mourut en ces Missions vn
Pere Portugais , nommé le Pere Antoine Carrero , homme de signalée mortifi-
cation , & de grande saincteté, qui auoit
trauaillé en cette Vigne de nostre Seigneur plus de 25. ans. Entre les autres
Conuersions memorables, qu'il y a fait,

vne fut deux ans deuant fa mort, en laquelle il baptifa plufieurs centaines
d'enfans. Ces Agneaux innocents apres
auoir efté fuffifamment inftruits, confen-
tirent à receuoir le Baptefme, & mefme
auffi leurs peres & leurs meres, qui n'a-
uoient ny Religion ny Loix aucunes.
Eux neátmoins ne voulurent pas s'affu-
iettir au ioug de I E S V S-C H R I S T , al-
leguans pour excufe, qu'ils eftoient trop
vieux, & ne pouuoient faire vn fi grand
changement en leur vieilleffe, que c'e-
ftoit affez que leurs enfans fe fiffent
Chreftiens, qu'ils eftoient tendres, & ne
fentoient en cela aucune difficulté. Ils
leur donnent congé d'aller librement à
l'Eglife, à la Meffe, au Catechifme, &
aux autres fonctions du Chriftianifme;
voire mefme ils les y accõpagnent : noftre Seigneur fe feruant de cette occafion pour ouurir les yeux de l'ame à quelques-vns, afin qu'ils voyent la verité de
la lumiere de l'Euangile, & l'embraf-
fent. On a dreffé vne Eglife, l'an paffé
dans vne petite Ifle, que fait la riuiere de
Coama, laquelle eft tres-groffe & large
de plufieurs milles. Tous les habitans fe
font faits Chreftiens, tant par l'induftrie

de nos Missionnaires, que par les per-
suasions d'vn Gentil-homme Portugais
noſtre amy, qui en eſt Seigneur.

On pourroit raconter pluſieurs choſes
auenuës és cas particuliers de ces Miſſions, comme la Conuerſion d'vn Iumé,
c'eſt à dire, Chef ou Seigneur d'vne Al-
dée ou village, qui aſſeure que S. François Xauier luy eſt apparu pluſieurs fois,
& qui receut le bapteſme auec trois cens
perſonnes du meſme lieu. On pourroit
auſſi s'eſtendre ſur la multitude des petits enfants, qui ont eſté baptiſez en ces
dernieres guerres, que les Seigneurs de
ces pays ſe ſont faits les vns aux autres,
deſtruiſants les bourgades, ſans y laiſſer
aucune perſonne viuante qui paſſaſt dix
ans, & autres accidents memorables de-
duits en vne longue Relation faite par le
P. Antoine Gomez, ſur ſes voyages en ces
contrées : mais comme ie profeſſe icy la
briefueté, & que ie veux donner ſeulement vne ſuccinte information des Miſſions, ie laiſſe le tout pour les lettres annuelles.

Entre les perſonnes ſignalées en la
langue du pays, il y a vn Pere qui ſe
nomme Barthelemy Manaſſé, Italien

natif de Citta di Castello, lequel passa aux Indes en compagnie de ces insignes seruiteurs de Dieu, les Peres Marcello Mastrilli, Antoine Capecci, Ioseph Clari, & François Cassola Italiens, ja morts pour la Foy de nostre Seigneur au Iapon. Or entre les autres choses tres-auantageuses au seruice de Dieu que ce Pere a fait, & va faisant, vne est, qu'il a composé la Grammaire & le Dictionnaire en la langue Caphre & de Monotapa; ces liures seruiront desormais afin que la langue de ces peuples se puisse apprendre auec plus de facilité par les Missionnaires qui seront enuoyez à la culture de cette Vigne.

Mission de Moca, & d'Ethiopie.

LA Mission d'Ethiopie (instituée par Sainct Ignace, & fertilisée dans l'espace de cent ans, par les sueurs du grand Patriarche André d'Ouiedo, aussi bien que du sang du seruiteur de Dieu, le Pere Abraham George Maronite, massacré pour la Foy de IESVS-CHRIST, enfin maintenuë iusques à present par les

souffrances & instructions de tant d'autres de nostre Compagnie de toutes nations) patit depuis douze ans vne cruelle persecution des Abyssins Schismatiques. En ces temps derniers non seulement ils ont banny de leurs terres; mais
aussi vendu aux Turcs leur legitime &
Catholique Patriarche Dom Alphonse
Mendes de nostre Compagnie, homme
admirable en vertu & en sçauoir. Le plus
ils ont mis à mort en haine de la Foy, l'E-
uesque de Nicée, Dom Apollinaire
d'Almeda son Coadiuteur & successeur
futur, qui estoit aussi de nostre Côpagnie.
Ils ont exercé pareille cruauté sur six autres de nos Peres, le Pere Bruno Bruni
Romain, le Pere Hiacynthe Franceschi
Florentin, le Pere Louys Caldera, le
Pere François Rodriguez, le Pere Iean
Berera, & le Pere Gaspar Paez Portugais, tous Profez des quatre vœux, &
personnages tres-Religieux. Finale-
ment par haine de la mesme Foy, ils ont
osté la vie à plus de quarante Catholiques Abyssins, partie Prestres, partie
Laïques, qui auoient quasi tous esté éleuez parmy nous, & descendoient des
Portugais; Ils ont aussi fait mourir deux

Religieux de S. François venus d'Italie, qui aspirants à la conuersion de ces
peuples auec grand zele, dés leur pre-
miere entrée en ce Royaume, y ont trouué la couronne de leurs trauaux par vn
glorieux martyre.

Apres la mort de ces deux heroiques
Missionnaires, on a tousiours continué
d'enuoyer en Ethiopie de nouueaux secours de Soldats de nostre-Seigneur,
dautant que outre deux autres Religieux de sainct François, qui de Rome
allerent à Suachem, & là sont demeurés
plusieurs années souffrants des labeurs
infinis pour l'amour de Dieu, on a encore enuoyé de l'Inde quelques-vns des
nostres. Tels ont esté le Recteur du College de Thana, le P. Damien Calassa, le
Recteur du College de Bassaim, le Pere
Antoine d'Alemeida, celuy de Diu, le
Pere Antoine Boteillo. Or quoy qu'ils ne
soient pas entrés dans les parties interieures de l'Ethiopie, pour estre reconnus
facilement au visage & au poil, beaucoup differens de celuy des naturels du
pays, toutefois ils y ont residé long-
temps, & se sont arrestés sur les bords de
la Mer Rouge, tant du costé du chemin

de l'Arabie à Moqua, que de celuy du
Royaume de Tigré & d'Ethiopie vers
Masua & Suachem. En ces lieux ils
ont assisté beaucoup les Catholiques
Ethiopiens, qui de tous endroits accou-
roient à eux pour les Sacrements de
Confession & de l'Eucharistie, les mesmes Peres les secourans aussi de grosses
aumosnes, qu'ils auoient à ce dessein apporté des Indes.

Pour le present il y a encore dans les
parties interieures de ce Royaume, comme aussi se sont trouué tousiours cinq ou
six Prestres seculiers Abyssins, de ceux
qui descendent des Portugais, & quatre
naturels du pays, tous Chapelains du
Patriarche Dom Alphonse, & l'vn d'eux
nommé Bernard Noguera, grand seruiteur de Dieu, qui l'an passé esperoit
d'estre receu en nostre Compagnie, a
écrit tout frechement vne Lettre au Patriarche, & vne autre à nostre Prouincial.

Il leur expose l'estat miserable de
cette Eglise, l'obstination plus grande
que iamais du Roy & de sa Mere à per-
secuter les Catholiques, la dispersion
de ceux-cy par des pays inconnus, les

prefens d'efclaues & d'or que le Roy
enuoye au Bacha-Turc de Suachem & à
l'Aga, ou gouuerneur de Moqua pour
fe les maintenir affectionnés, & les ani-
mer fans ceffe contre les Religieux Romains; de plus la continuation de l'em-
prifonnemét du grand Catholique Rai-
zela-Chriftos, & de la grande rigueur,
qu'on luy tient, quoy que parent tres-
proche du Roy, & plufieurs autres cho-
fes appartenantes à cette Miffion.

On enuoye de la Miffion de Salfette
en Ethiopie vn Pere de la ville d'Afcoli
nommé Torquat Parifiano, venu en
l'Inde depuis peu, & qui a vne merueil-
leufe facilité à apprendre les langues.
Ce P. va veftu en feculier, & vit auec les
Anglois qui trafiquent en ces ports de la
Mer Rouge, leur tenant compagnie
tantoft à Moqua & à Gida, tantoft à
Suachem & à Mafua, & procure en
mefme temps le plus fecretement qu'il
peut, d'aider les Catholiques d'Ethiopie par les fubfides tant fpirituels des
Sacrements, que temporels des aumof-
nes, qu'il a porté du College de Diu.

La caufe pour laquelle ce Pere va tra-
uefti en feculier, a efté la derniere lettre

de ce Religieux de S. François qui seul
viuoit & residoit à Suachem, laquelle il
écriuit en l'Inde, au Patriarche sur mon
depart de Goa, apres l'auoir remercié
de l'aumosne qu'il luy auoit enuoyé &
enuoyoit souuent, il luy raconte l'impos-
sibilité, que luy mesme trouuoit de demeurer plus long-temps à Suachem, &
à Masua, pour les poursuites importu-
nes du Roy d'Ethiopie, lequel sans cesse incitoit le Bacha Turc à massacrer les
Prestres Romains, & qu'enfin il estoit
resolu de passer au Mont Sennaar, où il
pourroit viure plus paisiblement, & y
rendre peut-estre aussi plus grand seruice à nostre Seigneur.

L'on a enuoyé l'an passé en Ethiopie,
quelques Liures fort vtiles imprimez à
Goa en cette langue, & composez par
le P. Antoine Fernandez, qui a demeuré trente ans en cette Mission, reduisant
plusieurs milliers de Schismatiques à
l'Eglise Romaine, & faisant plusieurs
autres œuures illustres dignes d'eternelle memoire. Ce Pere mourut il y a peu
d'années, en opinion de sainéteté, & on
raconte de luy des choses merueilleuses.
Dans les dernieres Lettres, qui arriue-

rent de Moqua aux Indes, quand ie partis de Goa ; on escrit comme l'Infant
Gladius ieune frere de l'Empereur d'E-
thiopie, auoit conjuré sa mort auec quelques vaillans Catholiques, pour rétablir
la Foy Romaine en cét Estat. L'Empereur auerty de cét execrable attentat
par l'vn des conjurez, fit mettre en prison son frere, & comme il eut confessé
le tout, il le punist de mort par le conseil
& l'instigation de sa mere Schismatique;
fit de plus mourir vn fils de Gladius, &
aussi vn de l'Infant Marcos, vn autre s'e-
stant sauué à la fuite au pays des Gales:
l'Infante Oleta-Christos sœur de l'Empereur & de Gladius, ayant esté conuain-
cuë de la complicité de cette conjuration, a esté renfermée dans vne Monta-
gne fort aspre, où elle ne pourra pas viure long-temps. Plusieurs autres personè-
nes qualifiées, & nommément vn Capitaine General de l'armée, ont perdu la
vie pour ce mesme crime. Gladius con-
fessa deuant que de mourir, que les Catholiques Abyssins descendants des
Portugais, ayans esté sollicitez d'entrer
en cette conjuration, respondirent qu'ils
ne vouloient point y participer, ny se

mesler d'vne si abominable entreprise, &
que c'estoit entre les autres enseigne-
mens ce qu'ils auoient appris de leurs
Maistres les Peres de la Compagnie, qui
estoient morts pour la Foy Romaine en
Ethiopie.

Mission de Mogor, de Sirinigar, et du Thibet.

QVELQVES Peres de la Compagnie, tantost plus, tantost moins,
continuent la Mission de ces contrées,
ainsi qu'ils ont tousiours fait depuis son
commencement. Encores qu'aucun des
nostres ne reside pas continuellement
au Thibet, pource qu'il est impossible de
viure perpetuellement en ces Regions
tres-froides, & tousiours couuertes de
neige, neantmoins de fois à autre on y
enuoye quelqu'vn.

Depuis peu y est allé le P. Stanislas
Malpiqua, homme de signalé merite,
qui deuant que d'entrer en la Compagnie estoit Docteur en Droict. Il escrit
des choses merueilleuses sur les mœurs
de cette Nation, des animaux du pays,
des

des chemins tres-perilleux, & des grandes souffrances, dont luy mesme a fait vn
long essay, auec vn emprisonnemét tres-
cruel, duquel il n'auroit iamais échapé
que par vne glorieuse mort, si le Roy de
Sirinigar, auec lequel il auoit esté cinq
ans, & qui le cherissoit fort, informé de ce
qui se passoit, n'eût écrit au Roy Barbare
& moins puissant que luy qui le detenoit,
des Lettres de menace pour l'elargisse-
ment dudit Pere, lequel de ses terres
estoit là allé auec sa permission.

Il arriua audit Pere en ce voyage, que
s'estant égaré du droit chemin il vint à
vne riuiere, dont l'eau luy montoit iusques à la poitrine, & luy estant forcé de
la passer à pied, quand il fut au milieu,
tout le corps luy gela de telle sorte en
vne saison tres-froide, qu'il tomba dans
l'eau à demy mort, en laquelle infailli-
blement il auroit esté estouffé, si deux
autres voyageurs, en la compagnie desquels il s'estoit mis, ne l'eussent tiré de
ce peril. A peine estoit-il sorty de l'eau,
& reuenu à soy, qu'il vit sur le bord de la
riuiere vne pauure femme Payenne, qui
pleuroit pour vne petite fille qu'elle tenoit pendue à son col, rendant quasi les

B

derniers abois, le Pere prit viftement de l'eau dans fes mains, & baptifa la moribonde, laquelle apres l'efpace d'vn Credo, s'enuola au Ciel.

Au temps que ie partis de l'Inde l'on enuoya au Royaume de Sirinigar, qui eft au milieu entre le Mogor & le Thibet, vn de nos Peres, à caufe qu'on en auoit r'appellé vn autre, qui y eftoit malade. Le Roy fe monftre affectionné aux noftres, eftime noftre faincte Foy, qui luy plaift beaucoup ; neantmoins l'intereft d'vn Pagode, ou Idole celebre, où il y a grand concours de l'Orient, auquel les peuples laiffent des dons infinis, defquels il a plus de la moitié, l'aueuglent pour ne pas découurir la lumiere du Ciel, & trouuer le vray threfor de la Religion Chreftienne; toutesfois il permet que nous la prechions à noftre volonté, & auec fruit.

Ie fpecifieray vn cas particulier arriué en ce Royaume, ledit Pere Staniflas y eftant, & qui s'eft paffé en la perfonne d'vn des principaux Capitaines grandement fauorifé du Roy. L'enuie d'vn certain Iogue ou Preftre des Idoles, qui l'auoit enforcelé, le tenoit malheureusement reduit à la mort, sans aucune esperance de vie, les parents estoient déja assemblez pour le porter sur la riue du Gange ; car ces Payens aueuglez estiment, que si vn moribond au temps qu'il expire, tient les pieds dans l'eau de ce fleuue, il reçoit vn pardon general de tous pechez, & mesme des peines qu'il auroit meritées ; mais deuant que d'executer cette ceremonie superstitieuse, ils se resolurent d'appeller le Prestre des Chrestiens, & de voir s'il ne sçauroit point quelque remede à ce mal : le Pere entre en la maison, & informé que la cause de la maladie estoit, qu'il voyoit continuellement des Demons, qui auec des espées nuës combattoient les vns contre les autres, d'où prouenoit que depuis tres-long temps il n'auoit peu dormir ny prendre aucun repos, ordonne sur le champ qu'on chasse quatre Chevres noires, que par superstition Payenne on tenoit aux quatre coins de la chambre ; apres luy applique vne Croix, qu'il portoit tousiours auec luy, & qu'il auoit herité du Pere Alain des Anges, François decedé en ces Missions auec reputation de saincteté. Ce

fut choſe merueilleuſe, que ſubitement
à la preſence du ſigne de noſtre Salut, le
malade ſentit vne ioye ſignalée, & chan-
geant de viſage, diſt qu'il eſtoit ſain, &
tous ces phantoſmes & horribles ſpecta-
cles, qui ne luy permettoient pas vn mo-
ment de repos, eſtoient éuanoüis de
ſes yeux. En vn mot cét homme ayant
recouuré la ſanté du corps, receut auſſi
celle de l'ame par le Bapteſme. Par cette
merueille noſtre ſaincte Religion s'ac-
quiſt vn grand credit aupres de la No-
bleſſe. A cette meſme occaſion vne autre perſonne tres-recommandable, qui
eſt Secretaire du Roy, ſe conuertiſt à la
Foy auec ſon fils, & on eſpere qu'il ayde-
ra beaucoup à la conuerſion de pluſieurs
autres.

Dans le Mogor, & les Royaumes qui
s'eſtendent vers les terres depuis le fleuue d'Inde, iuſques à celuy du Gange,
par l'eſpace de trois mille milles, quelques-vns de nos Peres continuent de
faire des excurſions. Leur reſidence
principale eſt à Agra, où eſt la Cour de
ce tres-puiſſant Prince, ville remplie de
Mahometans & de Payens ſans nombre:
les noſtres vacquent à la culture de plu-

sieurs Chrestiens tant estrangers, François, Venitiens, Portugais, que naturels du pays, les conseruans en la Foy & bonnes mœurs au milieu de tant d'occasions vitieuses, & *in medio nationis prauæ.* On fait peu de profit auec les Musulmans, qui sont les Mahometans, pource qu'ils ne veulent ouïr la parole de Dieu, mais il se conuertit beaucoup de Payens, particulierement en la Prouince de Laor, qui est éloignée d'Agra de quinze iournées, le Pere Ioseph de Castro Piedmontois y mourut l'an passé aagé de 70. ans, dont il en auoit employé 35. en ces Missions. Il y a fait de tres-notables conuersions de Payens, & reductions de Chrestiens renegats; cecy parut nommément, lors qu'en Bengala fut saccagée vne grande peuplade nommée Vgolin, où il y auoit plusieurs milliers de Chrestiens, lesquels ayans esté menez à Agra, plusieurs d'entr'eux, soit par contrainte, soit par seduction, y prirent la loy de Mahomet; mais enfin ils l'ont abiurée, à la persuasion de ce Pere, & sont retournez au giron de l'Eglise.

Entre les ouuriers, qui l'an passé allerent au Mogor, l'vn est le Pere Henry

Busée Flamand, ieune homme de grande habilité & de plusieurs talents. Apres
auoir enseigné quelques années les Mathematiques à Lisbône, il obtint par grace speciale la Mission des Indes, où estât
arriué, il fut incontinent enuoyé au Mogor pour resider continuellement au lieu
de la demeure plus ordinaire du Prince
heritier de ces Estats. La raison de cét
ordre fut, que comme ce ieune Prince
est grandement curieux de nos sciences,
& a de fort bonnes inclinations, on es-
pere que par ce moyen il se monstrera
plus fauorable au Christianisme, & à nostre Compagnie, ainsi que le Roy Gian-
gir son grand pere, de son viuant l'a tous-
jours fauorisé: ce qui fit penser qu'il auoit
esté baptisé secrettement par le P. François Corsi Florentin, grande colomne
de cette Mission, & son amy intime,
bien que iamais il ne l'ait confessé clai-
rement par crainte du Prince, qui regne à present, lequel s'est tousiours
monstré fort contraire à la Foy de IESVS-
CHRIST.

En compagnie du P. Busée, alla aussi
au Mogor le P. Antoine Ceschi Tren-
tin, qui a fait sa Theologie au College

Romain, & a pareillement grande intelligence des Mathematiques. Il doit
à present sejourner au Royaume de
Laor, pour estre Confesseur & Predicateur de celuy qui en est Gouuerneur, qui
se nomme Mirsa, ce qui signifie Alexandre le Grand, Seigneur Chrestien, &
en grande faueur aupres du Roy, dont
la Maison est composée de plus de quatre cents personnes, & la plus grande
part tous Chrestiens.

Le Pere françois Morando Boulon-
nois, grãd Maistre de la langue Partienne, & Industanne, a demeuré auec ledit Seigneur & ses enfans seize ans con-
tinus, l'accompagnant en tous les
Royaumes, desquels il a esté Vice-Roy
& Gouuerneur. A present ce pere doit
resider à Agra, quelque peu de temps,
pour Conseruateur & Curé des Chrestiens qui sont là, & tout ensemble pour
faire copier & mettre en vn Tome les
œuures insignes du P. Hierosme Xauier, neueu de S. François, qui fut l'vn
des premiers fondateurs de cette Missiõ,
& composa plusieurs Liures, en tradui-
sant d'autres, comme les Euangiles en
langue Partienne.

B iiij

Mission de Canara.

ON a apporté cette année vne Relation fort ample de cette Mission,
escrite par le Pere Leonard Sinnamo
Neapolitain, qui depuis quelques années cultiue cette nouuelle Vigne de
nostre Seigneur, assisté de trois autres
Peres Portugais, le P. Iean Pedrosa, le
P. Antoine Corea, & le P. Antoine Nu-
gnes, ouuriers tous excellents en vertu
& en doctrine; mais specialement à apprendre & à parler ces langues nouuelles. Il y a six ans que se commença cette
Mission, auec pretension que ses limites
seroiët le Royaume de Seitta panaïche,
où se recueille quasi tout le poivre, qui
vient en Europe, & grande quantité de
ris, duquel se pouruoyent Goa, Cam-
baya, & autres Prouinces. A cette fin le
P. Nunnius Coresma, Regent de Theologie, & Recteur du College de Thana
y fut enuoyé. Le Roy, qui est Payen, le
receut auec demonstrations particulieres de bienueillance, selon le rapport
des Lettres annuelles des années pas-

fées, & obtint permiſſion de baſtir des
Egliſes en ſes Eſtats : ce qu'il effectua
incontinent à Siandor groſſe bourgade,
voiſine d'Onor , & à Pedrure lieu encore plus peuplé où eſt la Cour de ce prince.

Depuis deux ans le P. Leonard Sinnamo Superieur de cette Miſſion, & le
P. Antoine Corea ont donné bien plus
auant dans ce pays, entrans en diuerſes
contrées, où iuſqu'à preſent aucun predicateur Euangelique n'a mis le pied.
Ils ont trouué dans ces peuples vniuer-
ſellement vne grande diſpoſition pour
noſtre Foy , dautant qu'outre , que la
multitude des femmes n'eſt point parmy
eux , il ſe voit plus de ſimplicité en leur
façon de viure, & moins de malice & de
meilleures mœurs , que dans les autres
prouinces ſituées le long de la Mer. La
raiſon qu'ils en alleguent , eſt bonne;
c'eſt qu'ils n'ont point de Brachmanes
Payens, qui ſont des fourbes & trom-
peurs tres - ſubtils , & pour ce ſujet les
premiers Roys de Portugal conquerants
des Indes, les bannirent de leurs terres
par Edicts exprés, excepté les Laboureurs, comme les Roys d'Eſpagne ont

feit des Morisques Granadins pour les
mesmes raisons.

Le fruit principal que nos Missionnaires ont fait, & continuent de faire,
est de persuader à quelques Tanada-
riens, qui sont les Capitaines des villes,
& à quelques Naïres, qui sont les principaux des bourgs, & des Aldées, à faire
peu d'estime de leurs Idoles, & à ne les
point tant frequenter qu'ils faisoient
auparauant : ce qui a si bien reüssi que le
frere du Roy Seita-Panaïche, ieune
homme d'vn beau naturel, va fort peu
aux deuoles des Pagodes, qui sont leurs
Eglises ; mais vient frequemment à la
nostre autant de fois qu'il est aduerty
que nous y auons quelque feste, faisant
à l'Image de la Vierge & de l'Enfant
Iesvs, six & sept fois ses sembayes, qui
font de profondes inclinatiõs de la teste
auec les mains dessus, & déja il sçait par
cœur le *Credo* en sa langue, & autres
prieres : & l'vnique difficulté qui l'arre-
fte de receuoir le sainct Baptesme, est
que son frere, qui est son Roy & son
Seigneur, ne le prend pas.

Entre les autres occupations qu'a le
Pere, qui reside à Pedrure, l'vne est

d'affembler les enfans des Gentils , qui nous font plus affectionnez, & les mener à noftre Eglife , & les entretenir de beaux & pieux exemples, que ces enfans racontent par après à leurs peres & meres. Cela fert d'occafion de conferuer leur bienueillance , & enfemble donne efperance qu'auec le temps fe formera icy vne tres-noble Chreftienté.

Le Pere Sinnamo paffant par vne Prouince fituée au milieu d'vn bois efpais; & difcourant auec ces peuples vne grande partie du iour, de noftre Foy, tous d'vne voix commune, tant hommes, que femmes , promirent de l'embraffer ; pour marque de cette refolution, non feulement ils firent la reuerence & baiferent vn Crucifix que le Pere leur monftroit; mais de plus à fon inftigation coururent tous à leurs maifons , & là y déracinerent le pied de Bafilic, qu'vn chacun d'eux y tenoit & adoroit comme leur Idole. Le Pere ioyeux de ce fuccez, fe retira en vne cabane, efperant les iours fuiuants continuer & mettre à chef l'ouurage commencé; mais vn Brachmane Iogue venant de dehors, ou bien vn Demon en fa figure , & rodant toute la nuict par les

maisons de ces villageois, les reprit de
ce qu'ils auoient fait, & leur ietta dans
le cœur vne telle épouuente de leur Ge-
madut, qui en leur langue est le Diable,
que le lendemain pas vn d'eux ne voulut
entendre de sa bouche vne bonne parole, faisans de grands cris & heurlemens,
quand le Pere leur vouloit parler : Partant comme il eut esté informé par vn
ieune homme de Salsette, qui sejournoit
en ce lieu, de tout ce qui s'estoit passé, il
se retira auec resolution d'y retourner en
vn temps plus commode, quand les Ministres de Satan & les perturbateurs de
la parole de Dieu, s'en seroient éloignez,
L'auenement qu'eut le Pere Antoine
Corea, fut plus prospere, faisant vne sor-
tie pareille vers Simouguem bourgade
populeuse sur les confins de ce Royaume de Canara. Estant arriué au lieu où il
y a vne forteresse considerable, il fut vi-
sité d'aucuns Chrestiens Salsetans, qui
en qualité de soldats y sont en garnison.
Apres s'estre confessez, ce qu'ils n'a-
uoient fait depuis plusieurs années, ils
ramasserent vn grand nombre de Payés,
ausquels le Pere ayant fait vne ample
instruction des Mysteres de nostre sainte

Foy, le succez fut si heureux, qu'outre plusieurs qui en demeurerent fort é-meus, douze d'entr'eux sur le champ se conuertirent, & de là en bref receurent l'eau du baptesme.

Le Pere Sinnamo voulant exposer en l'Eglise de Siandor auec quelque solemnité, vne petite statuë dorée de S. Fran-çois Xauier, qu'il auoit apporté de Goa, assembla aussi les Payens, qui estoient là, dautant que les Chrestiens du lieu estoient en trop petit nombre, ils y cou-rurent tous auec des tambours, flageol-lets & enseignes, & l'on porta l'image du Sainct comme en triomphe par tou-tes les ruës de la bourgade, en prenant pour ainsi dire possession, & operant en mesme temps quelques miracles, qui ont touché ce peuple ; & à present il entend la parole de Dieu auec plus d'a-gréement, plusieurs s'estants faits bap-tiser, quoy qu'en secret.

Le mesme Pere Sinnamo a composé la Grammaire & le Dictionnaire de la langue de ce païs, qui est differente tota-lement de la Salsetaine : il a aussi tour-né le Catechisme, duquel il se sert à in-struire les Payens.

Mission de Salsette.

L'Isle ou Peninsule de Salsette contient soixante six peuplades diffe-
rentes, & est soubs la couronne & les armes de Portugal. Depuis l'espace de
quatre-vingts ans, plus ou moins, que
nostre Compagnie y trauaille, elle a
toute embrassé la Foy de nostre - Seigneur. Entre les premiers qui y entre-
rent, lors qu'elle estoit encore soubs la
tyrannie de Satan, l'vn fut le seruiteur
de Dieu le Pere Rodolphe Aquauiua
fils du Duc d'Atri, lequel auec le Pere
Alphonse Paciecco Espagnol, de race
non moins illustre, auec nostre Frere
Aranca nepueu de l'Archeuesque de
Goa, de ce temps-là, & les Peres Pierre
Bernard Lombard, & Antoine François
Portugais, receut le prix de ses trauaux
par la mort, qu'ils souffrirent tous cinq
des Payens, en haine de la Foy, côme il
apert par les procez presentés à la sacrée
Congregation des Rites pour la beatifi-
cation de ces seruiteurs de Dieu. Cette
année sont venuës des Lettres de sup-

plication addreſſés par ces peuples d'O-
rient à ſa Sainteté, leſquelles tendent à
cette meſme fin.

Il y a en cette Iſle vingt-cinq Froge-
ſies ou bien Paroiſſes, diſtantes l'vne de
l'autre d'vn iuſte eſpace, & en chacune
par ordre du Roy de Portugal, lequel y
preſente, vn de nos Peres y eſt Vicaire ou
Curé ayant ſoing de ces ames. De plus
vn autre Pere eſt ſuperieur de tous, tenant de l'Archeueſque l'authorité de
ſon Vicaire & de l'Inquiſition, celle de
ſon Subſtitut.

Le fruit qui à preſent ſe moiſſonne de
cette Miſſion, eſt la conſeruation & l'ac-
croiſſement en la Foy de toute cette nation, laquelle ſe peut comparer auec la
plus floriſſante Chreſtienté d'Europe,
ſoit en la deuotion & frequentation des
Sacrements, ſoit au culte & en la deco-
ration des Egliſes. Toutes ces Parroiſſes
par l'induſtrie de nos Peres ſont eſta-
blies auec reuenus ſuffiſants laiſſés par
les fideles, & de plus enrichies de Ca-
lices, Lampes & Chandeliers d'argent
de grand prix. Vne choſe qui merite
d'eſtre ſçeuë eſt, que chacune deſdites
Parroiſſes a ſa Muſique propre auec des

Superius , des Basses , & autres voix tres-excellentes , qui rendent seruice perpetuel , non seulement aux iours de Festes , mais aussi toutes les sepmaines durant la Messe, de plus aux congregations , aux deuotions qui se font le Vendredy , aux Litanies du Samedy , & à diuerses autres occasions.

Toutes ces Eglises ont pareillement leurs Confrairies & Congregations qui sont tres-nombreuses, & il y en a telle qui en a iusques à quatre , comme celle de Margano. En ces Congregations se pratiquent les mesmes exercices spirituels , qu'en celles de nostre Europe. Les Confreres se confessent & communient ordinairement deux fois le mois , recitent l'Office de la Vierge & le Chapelet, enfin obseruent leurs regles , qui sont en nombre , auec vne ponctualité exquise, & vn fruit singulier.

Nous auons outre cela en cette Chrestienté vingt-cinq Escoles d'enfans, c'est à dire, qu'en chaque Eglise ou Maison de nos Curés, il y en a vne entretenuë par des Maistres seculiers , qui enseignent à tous à lire , escrire , chanter & jetter. Le Pere visite ces Escoles au

moins

moins tous les huit iours , examine le fruit que font les enfants , leur fait vn Catechifme , les confeffe d'ordinaire tous les mois , & les communie aux Feftes folemnelles.

Les Enfants des Laboureurs, qui ne vont point à l'Efchole, & les filles iuf-ques à l'âge de douze ans, chaque iour font vne heure à l'Eglife pour y reciter les prieres, & apprendre le Catechifme tourné en leur langue , difputants les vns contre les autres auec beaucoup d'induftrie , & faifants plufieurs autres exercices fpirituels felon leur capacité. Et vrayement il y a de quoy loüer Dieu de voir tant d'enfants & de filles, qui en plufieurs de ces Eglifes montent iufques à mille, fçauoir par cœur non feulement le Catechifme tout entier, mais encore plufieurs Dialogues fur le tres-fainct Sacrement, & fur les autres articles de la Foy, auec beaucoup de pratiques fpi-rituelles compofées par les noftres.

Plufieurs Liures ont efté imprimés par nos Peres en langue de ce païs, qui eft la Brachmane, comme la Grammaire ou l'Art de parler Indien du Pere Tho-mas Eftienne Anglois, le grand Cate-

C

chifme de Bellarmin , celuy du pere
Ignace, la Fleur des Saincts du Pere
Ridera Portugais, tres-fçauant en cette
langue, les Chanfons Spirituelles du P.
Eftienne de la Croix François, qu'ils ap-
pellent Puranes en leur langue, qui font
en deux grands Tomes, & autres œuures deuotes & fructueufes. On a auffi
compofé, quoy qu'il ne foit pas mis en
lumiere, vn petit Dictionaire, vn autre
grand à la façon de Nifolius , plufieurs
Liures de Sermons , & autres fainctes
curiofités qui courent maintenant par
les mains de tous les fideles , par le
moyen defquels cette Chreftienté s'eft
entierement oubliée de fes anciennes
fuperftitions.

Or quoy qu'en cette Ifle il ne fe voye
point de Baptefme d'infidels du pays,
parce qu'il ne s'y en rencontre plus ,
neantmoins chaque année plufieurs
centaines y reçoiuent ce Sacrement : ce
font eftrangers qui viennent des terres
du Roy Idalcan , auec lefquels nous
confinons , nos Peres faifants de fois à
autre des excurfions en ces regions voi-
fines , pour leurs porter la lumiere de
l'Euangile.

Les choses merueilleuses que Dieu
va operant en cette sienne vigne si cherie, ne peuuent se nombrer, & particulierement en l'Eglise de Maior, depuis
qu'elle est soubs la protection speciale
de la saincte Vierge, où les Anciens ado-
roient autres-fois vn Idole, qu'ils nom-
moient de la Mere des Dieux; le mesme
se void en l'Eglise de Nauelli, soubs l'in-
uocation de Nostre-Dame du Rosaire,
à laquelle concourt tous les ans vne
multitude merueilleuse de Pelerins, &
y obtiennent de tres-signalées graces;
Cecy paroist aussi en l'Eglise de Coculin,
soubs le nom de la mesme saincte Vierge, proche de laquelle est le Puits dans
lequel furent jettés les corps du P. Rodolphe Aquauiua, & de ses compagnons, dont les eaües depuis qu'elles
ont esté mélées auec le sang de ces seruiteurs de Dieu, ont esté tousiours en
singuliere estime auprés de ces peuples,
& maintenant plus que iamais sont te-
nües pour miraculeuses. Ie laisse les cas
particuliers desquels plusieurs ont passé
par les mains des Peres Antoine Flores
& Iean Valla François ouuriers infati-
gables, & du P. Fortunat Seraphin

C ij

Luquois, personnage de haute vertu,
qui depuis peu a esté appellé de Salsette pour enseigner la Theologie.& precher à Goa.

Mission des Isles Diuar , Sioran ,
& autres adiacentes à Goa.

IL y a vn de nos Peres employé en ces
Missions, qui sont sur les terres des
Portugais : on l'apelle le sur-Inten-
dant, ou Pere des Chrestiens, office que
les premiers Roys de Portugal , qui ont
subiugué l'Inde, ont creé, à l'instance de
S. François Xauier, auec de tres-amples
priuileges & faueurs , & de plus auec
des reuenus stables, le tout pour la conuersion des Infideles. La charge principale de ce Pere est de tirer de la main
des parents Infideles les enfants de bas
âge, qui perdent leur pere, les catechi-
ser , baptiser , & puis leur procurer des
emplois & conditions conuenables.
Pour ce qui est des masles , cela se fait
en nos Seminaires de Goa, de Racciol,
de Bassaim, & aux maisons de nos Curés : quant aux filles , les Dames Chre-

ftiennes les reçoiuent chez elles auec beaucoup de bonne volonté pour rendre ce feruice à noftre-Seigneur.

Plufieurs chaque année font icy baptifez, & l'an paffé aux iours folemnels en la feule ville de Goa enuiron trois cens receurét le Baptefme. Vn de ces Enfants coufta la vie l'année derniere au P. Antoine Serquira Portugais, homme tres zelé à la conquefte des ames, comme il vfoit de grande diligence felon le deub de fa charge pour arracher cét enfant de la main de fes oncles Payens riches marchands. Il mourut tout fubitement en cét effort, non fans foupçon d'auoir efté empoifonné. Plufieurs autres Infideles, quoy que d'âge plus meur ayants efté conuertis l'an paffé par nos Miffionnaires en leurs excurfiós faites par ces Ifles, furent auffi admis à ce mefme Sacrement, felon qu'eft l'vfage de chaque année. Entre ceux-cy, les plus apparents furent plufieurs Courtifans du Prince Matalé, qui furent baptifés en noftre maifon Profeffe de Goa, les vńs de la main du P. Hierofme l'Obo vieil Miffionnaire d'Ethiopie, à prefent Prouincial de Goa; les autres par le P. Iean

Maraui Pifan, qui aydoit en ce Baptef-
megeneral, & de beaucoup de Catechumenes.

Ce Prince de Matalé, qui pretend au
Royaume de Ceglan, a auffi embraffé
noftre fain&te Foy, à la perfuafion des
Prelats de l'Inde, & particulierement
du Pere Iacques d'Abreu natif en ces
contrées de parents illuftres, lors qu'il
eftoit Curé de noftre Eglife de Murma-
gan, voifine de la forterefle de mefme
nom, il eût grande communication auec
ce Seigneur, conferant fouuent auec luy
des myfteres de noftre Religion l'efpace
de plus d'vne année, durant laquelle il
fut retenu dans la forterefle par ordre du
vice-Roy, pour le foupçon qu'il auoit
eu qu'il vouloit fuïr de Goa, & s'acco-
fter des Hollandois nos ennemis. Ce
Baptefme fut fort folemnel, & l'Illu-
ftriffime Archeuefque Monfeigneur de
Myra l'adminiftra en propre perfonne
dans l'Eglife de S. François, auec l'affi-
ftance du vice-Roy, des Prelats & des
Seigneurs de Goa.

Entre les fruits de cette Miffion nous
pouuons nombrer la conuerfion d'vn
ieune Anglois nommé Iean Damont

aduenuë à Bengala par l'induſtrie du P.
François Morando, & le Pere des Chreſtiens ſe ſeruit de ce Neophyte pour la
reduction de pluſieurs autres Heretí-
ques de ſon pays, qui viennent trafiquer
en ces contrées de Murmugano & de
Pardes, & l'an paſſé il y en eût au moins
quinze qui furent reconciliés à l'Egliſe.

Miſſion du Nort, ou partie Septen-
trionale de Goa.

QVinze ou ſeize des noſtres y ont
leurs emplois, & chacun gouuerne
ſa Peuplade, au milieu d'vne Gentilité
immenſe, à la conuerſion de laquelle pareillement ils trauaillent. Nous auons
encore icy reſidents deux Peres des
Chreſtiens en diuers endroits auec la
ſur-intendance & authorité royale ſur
les Enfants orphelins des peres Payens,
deſquels les Roys de Portugal ſe ſont
eſtablis & declarés tuteurs, laiſſants à
ces Peres de noſtre Compagnie toute
l'adminiſtration de la tutele.
  Entre les Miſſionnaires qui parcou-

rent ces vaftes regions, l'vn eft le Pere
Pirrus Romain, lequel depuis vingt-
ans continuë la culture de ces peuples
auec vne fignalée edification & profit
des ames. Les Peres Nicolas Georgi des
plus illuftres familles d'Hongrie, &
Ignace Archemont´ Neapolitain le fe-
condent dignement en ce trauail, eftants
tous deux tres-bien verfés aux langues
Maraftames & Induftanes. Le dernier
qui eft le plus ieune, fçait de plus la langue Hebraïque, qu'il a eftudié dans les
Efcholes, & la langue Turquefque &
Arabique qu'il a appris dés fon bas aage
en fa maifon, où il y auoit deux Efclaues qui les luy enfeignoient.

Le fruit annuel de ces Miffions eft
abondant : l'an paffé il y eût felon la
couftume plufieurs Baptefmes generaux : les Catechumenes s'affemblants
de diuerfes parts aux iours folẽnels pour
ce fujet. Il s'y fait vn apareil magnifique
de Proceffions au fon de plufieurs Trõ-
pettes, force Enfeignes & belles repre-
fentations, & figures veftües, & autres
curiofités, defquelles les Payens qui
courent auidement à ces fpectacles, font
touchés incroyablement.

Entre les euenements memorables arriués depuis peu en ces Missions, l'vn
est qu'vn de nos Peres Curé du lieu,
ayant esté apellé pour confesser vne pauure Indienne qui auoit accouché auant
terme, & estoit griefuement malade, lors
qu'il arriua il oüyt au coin de la cabanne
où elle gisoit, vn cri fort subtil & délié,
comme d'vne chose viuante, aussi tost
les assistants dirent qu'elle auoit jetté en
ce lieu là cét auorton, n'y ayant point
reconnu de vie. On alla pour recon-
noistre le tout auec diligence, & on s'a-
perçeut que la voix venoit d'vn petit
morceau de chair, qui auoit la teste &
les autres membres formés, mais estoiét
à demy rompus & gastés. Le Pere luy
confera vistement le Baptesme, & la
pauure petite creature expira incontinent apres.

Le Pere Hector Perera Portugais des
Comtes de la Fera vn de nos Missionnaires, ayant l'an passé en la contrée de
Cassabé, qui est vn païs tres frais, où nous
auons deux Parroisses, ramassé quelques petits enfants orphelins pour les
instruire en nostre Seminaire, fut repous-
sé par vne gresle de pierres d'vne multi-

tude d'Infideles qui l'auroient maffa-
cré, fi les Chreftiens n'y fuffent accourus de tous coftés pour les empefcher;
neantmoins ils dechargerent leur rage
fur vn autre de nos Miffionnaires appellé le P. Antoine Befquera homme tres-
deuot, & bon feruiteur de Dieu, lequel le mefme iour eftant tombé entre
leurs mains, ils le chargerent de plufieurs playes, le laiffant à demy-mort fur
le chemin.

Nous auons auffi la Grammaire & le
Dictionnaire de la langue de ce pays,
l'vne & l'autre mis à perfection par les
PP. Manuel Rodriguez & Paul Iouio
Italien, qui ont efté tres-bien entendus
en ces langues.

Iaçoit que l'Inde pour eftre chaude,
foifonne d'animaux veneneux, qui de
iour & de nuit rodent par tout, entrants
mefme dans les maifons qui font baffes,
voire mefme s'élancent iufques aux plus
haults appartements, comme fouuen-
tefois i'en ay trouué dans nos Colleges
aux chambres où ie prenois mon repos,
nonobftant cela il ne s'eft iamais veu ny
oüy dire qu'aucun de nos Peres Miffionnaires foit mort de cét accident, qui

arriue tous les iours aux seculiers & aux autres originaires du païs. Il semble que Dieu monstre sa protection paternelle enuers ceux, lesquels pour son seruice & amour s'exposent genereusement à tous hazards. Ie toucheray en confirmation de cecy vn ou deux cas auenus tout fréchement en cette matiere.

Vn de nos Peres faisant voyage par vne prouince de Payens, à la conuersion desquels il trauailloit, vn iour se retira la nuict dans vne pauure maison, qu'il rencontra sur son chemin, fort las, pour auoir marché toute la iournée entiere à pied, & voulut y prendre vn peu de repos. Or quoy qu'il fust fort pressé du sommeil, il ne peût toutefois iamais s'endormir, estant frappé d'vne viue îmagination, qu'il y auoit en ce lieu quelque Serpent, & qu'il estoit necessaire de r'allumer la chandele, & reuoir par tous les coins du logis: il le fit, & n'ayant rien trouué, esteignit derechef sa chandele pour dormir; mais à peine s'estoit-il couché que la mesme pensée luy retourne, & encore plus violente, & luy causa telle inquietude, que bien que ce fust contre sa volonté, il r'alluma la chandele,

& alla cherchant par tout ce lieu; enfin
cette seconde fois il trouua sur vn peu de
paille , deſſus laquelle il repoſoit , au
fond d'vne couuerture vn aſpic tres veneneux , lequel ayant tué , apres auoir
rendu graces à Dieu , il s'endormit facilement, ſans plus ſentir de trouble ny
de crainte.

Vn autre de nos Miſſionnaires auoit
celebré la ſaincte Meſſe en ſon Egliſe
dediée à ſainct Michel & aux ſaincts
Anges auſquels il eſtoit beaucoup deuot , pour les bien-faits qu'il en auoit
receu. Comme il eſtoit à la Sacriſtie, re-
citant le Pſeaume par lequel on inuite
les Saincts Anges à loüer & benir
Dieu, il luy vint vne forte penſée qu'il
pourroit bien y auoir quelque beſte
nuiſible ſoubs les marches de l'Autel; là deſſus il apelle en diligence
quelques Indiens de ſa maiſon, & leur
commande d'aller promptement y re-
garder. Ils furent ſurpris de cét ordre ſi
extraordinaire, & quoy que pour excuſe
ils alleguaſſent que dans peu d'heures
on deuoit ballier l'Egliſe , neantmoins
ils s'aquiterent du commandement: ils
leuent leſdits degrez , & ſoubs celuy,

où le Pere venoit de dire la Meſſe, qui
eſtoit vieux & à demy rompu, ils aper-
çoiuent niché vn Serpent des plus fiers
& plus veneneux de l'Inde, qu'ils nomment Serpents du chapeau, parce qu'ils
en ont ſur la teſte quelque figure de la
groſſeur du bras humain vers le poulce.
Auparauant que cét animal, qui com-
mençoit dé-ja à ſe remuer & à s'irriter,
ſe peût déueloper tout entier, ils le
frapent & maſſacrent de coups de ba-
ſtons, dont ils eſtoient armés. Cét accident aduint (ce qui eſt remarquable) vn
Samedy, auquel les Enfants s'aſſem-
blent à pluſieurs centaines pour le Ca-
techiſme, & qui vont ſans eſtre veſtus,
ou fort peu, ſelon la couſtume du pays.
Ils auoient couſtume de balier tous en-
ſemble l'Egliſe, hauſſants les degrés des
Autels & nettoyants tout, il pleût à Dieu
de preſeruer le Pere en cette occaſion,
ne permettant pas que ce Serpent vint à
ſe mouuoir tout le temps de la Meſſe ; &
la diuine bonté protegea auſſi ces petites creatures innocentes, dont ce Pere
auoit baptiſé la pluſ-part : & certes le
mal qui leur ſeroit arriué, ne luy auroit
pas eſté moins ſenſible que le ſié propre.

C'eſt-ce que i'ay eu à dire ſuccinte-
ment des Miſſions de la prouince de
Goa, ne touchant point ce qui appar-
tient à ſes Colleges. Quant aux deux autres prouinces que nous tenons dans
l'Inde, & ſes glorieuſes Miſſions, ie
toucheray pareillement icy quelque
choſe, gardant la meſme briefueté, &
le meſme ordre.

RELATION

DE L'ESTAT PRESENT

DES MISSIONS DE LA

Prouince du Malabar, de la Compagnie de IESVS en l'Inde Orientale. Preſentée à la ſacrée Congregation de la Propagation de la Foy.

LA Prouince de Malabar, qui ſe nomme auſſi de Cochim, confine vers le Nort auec celle de Goa, & du coſté du Sud auec celle de Macao, & s'eſtend de Cochim iuſques à Macaſſar, par l'eſpace de quatre mille milles. Elle ne fut pas moins cherie par ſainɛt François Xauier que Goa, & il y fonda pluſieurs Miſſions

faisant aussi des conuersions innombrables de Payens , ainsi qu'il se lit en sa
Vie. C'est de ces Missions & autres establies par les PP. de la Compagnie de
I E S V S, que ie donneray icy vne briefue
information.

Mission de Cranganor , ou la Chre-stienté de S. Thomas.

C'Est de ce glorieux Apostre , que
cette Mission qui luy doibt ses premiers commencements, a pris son nom.
Nous y auons vn College basti dans la
forteresse de Cranganor, non gueres di-
stante de Cochim, auec sept ou huit
Missionnaires, lesquels parcourent sans
cesse le Royaume de Malabar. Il y a
pour le present de Chrestiens enuiron
cent cinquante deux milles respandus
dãs les Estats de plusieurs petits Bourgs
Payens, desquels ils sont traités fauora-
blement , & mesme caressés. Iadis ils
estoient gouuernés par des Archeues-
ques Armeniens, & Babyloniens, lesquels y ont inttoduit la langue Syriaque.
Le

Le premier Archeuefque facré à la Romaine, a efté le P. François Ros Catelan de noftre Compagnie, tres-fçauant en cette langue, qui reforma les ceremonies Ecclefiaftiques, & extirpa les erreurs, qui auec le temps s'y eftoient enracinées. A prefent Dom François Garcia Portugais, qui eft auffi de noftre Compagnie, en eft Archeuefque, gouuernant cette Eglife auec vn grand zele. Il a fuccedé à Dom Eftienne de Britto pareillement de noftre Compagnie, fignalé feruiteur de Dieu, & duquel fe racontent plufieurs actions heroïques. Le prefent Archeuefque trauaille à compofer les vies de fes deux predeceffeurs, & dans peu de temps elles paroiftront au iour.

Dans l'vne des Bourgades de cette Chreftienté qu'on apelle Vaipicocata, il y a enuiron quarante Indiens entretenus, qui ont leur Recteur & Maiftre de noftre Compagnie, lequel leur enfeigne la langue Syriaque, auec les autres fciences, & quand ils ont pris vne fuffifante inftruction, ils font promeus au Sacerdoce, & feruent en ces Eglifes & Paroiffes, lefquelles arriuent quafi au

D

nombre de cent. Nous auons diuers petits ouurages tres-vtiles écrits à la main
en langue Syriaque, nommement de la
compoſition du Pere Iean Maria Italien, qui a conſacré pluſieurs de ſes années à la culture de cette Chreſtienté.

Entre les autres Miſſionnaires, deſquels l'Archeueſque ſe ſert maintenant
en ſes continuelles viſites, qu'il fait luy-
meſme, & par le moyen de nos Peres,
l'vn eſt le P. Hyacinthe dé Magiſtris de
Plaiſance, qui auec l'intelligence de la
langue literale & vulgaire produit des
fruits merueilleux en tous ces Royaumes, & eſt beaucoup affectionné des
Preſtres ſeculiers Chreſtiens, qui ont
leur reſidence en pluſieurs endroits, &
ſe nomment Caſſanares de la Serra.

Ledit Pere a mandé à Goa vn accident admirable, qui s'eſt paſſé tout frai-
chement en l'vne de ces Parroiſſes. C'eſt
qu'vn iour apres la Meſſe & les autres ſa-
crées fonctions, au temps que le Peuple
ſortoit de l'Egliſe, vne grãde Croix plã-
tée à la place vis à vis de la grande porte,
commença à ſe remuer d'elle meſme,
moũuement qui alla croiſſant auec
beaucoup de vehemence, & ladite

Croix branloit de part & d'autre d'vne si
estrange force, que plusieurs hommes
ioints ensemble n'auroient peu la mouuoir de la sorte. Ce prodige dura plus de
six heures, & ne fut point infructueux;
car les Chrestiens qui le virent n'en pro-
fiterent pas peu pour l'amelioration de
leurs mœurs, & aussi quelques Payens y
estants accourus, en raporterent le salut
de leurs ames par leur conuersion à
nostre saincte Foy.

Mission de Cochin, & de ses residences.

CEtte ville est vne des principales de
la Couronne de Portugal. Nous y
auons vn College fondé par le Roy
Dom Sebastien de glorieuse memoire,
où sont les Escholes a lire, & écrire, de
Grammaire, de Philosophie, de Theologie, & des cas de conscience. Elles
sont ouuertes non seulement aux Enfants des Europeans; mais encores des
Indiens, dont plusieurs se font Prestres, & seruent ceste Chrestienté se-

lon les besoins occurents.

Ce College entretient enuiron soixante Prestres ou Escholiers de nostre
Compagnie ; & entr'eux il y a vn Pere
des Chrestiens chargé des mesmes emplois que celuy de Goa, à sçauoir d'a-
masser & baptiser les orphelins, des
Gentils, assister les esclaues oppressés de
leurs Maistres, remedier aux filles aban-
données, ou qui sont en peril de leur
honneur. L'an passé en huit iours pres
de deux milles Gentils furent baptizés
en nostre Eglise, plusieurs de dix iusqu'à vingt ans, qui à l'occasion de la
cherté de viures, laquelle estoit tres-
grande en leur pays, se sauuerent en ce-
lui-cy, beaucoup moins affligé de la famine.

Ie ne veux pas taire vne merueille
rare auenuë plusieurs fois en nostre Eglise de Cochin. C'est qu'apres que les
Cierges & les Torches ont serui & brûlé
au seruice des Autels long-temps, l'on
a trouué sur la fin des iours de Festes,
que la cire pesoit autant comme lors
que lesdits Cierges & Torches estoient
entieres. Ce cas fut plus notoire l'an
passé, comme l'écrit le Pere Barthelemy

Borguntio Gennois maiftre de Theologie, homme graue & ancien de cette
prouince. La Cire ayant manqué à l'E-
glife, on fut contraint d'en emprunter
de la Congregation de Noftre-Dame,
lors qu'on la prit, elle fut pefée tres-di-
ligemment & exactement, on en fit par
apres des Cierges & des Torches , qui
eftoient fi grandes , que ces luminaires
ne pouuoient eftre contenus dans vne
caiffe faite toute expres ; mais fortoient
tous dehors de quatre doigts. La Fefte
durant laquelle ils demeureret allumez
eftant finie, on trouua qu'ils pouuoient
bien tenir dans la caiffe, & qu'ils y en-
troiét tous, mais quand on les eût mis à
la mefme balance de laquelle on s'eftoit
ferui auparauant, ils pefoient iuftement
autant que lors qu'on les emprunta, &
qu'ils eftoient entiers. Plufieurs perfonnes tres-graues , tant de feculiers que
des noftres qui furent fpectateurs de
cette merueille, tefmoignent & affeu-
rent qu'il n'y eût aucun abus ny trom-
perie aux poids qui fe firent tant à la pre-
miere qu'à la feconde fois.

Vn de nos freres Coadiuteurs nommé Pierre d'Ebafte Portugais eft de-

cedé depuis peu d'années en ce College, dont la vie admirable & les choses prodigieuses suruenuës depuis sa mort, se celebrent par toute l'Inde, appuyées du tesmoignage de plusieurs personnes tres-sages Ecclesiastiques & Seculiers.

Nous auons à Thanor, qui est vn Royaume du Roy Zamorin, pres de Cochin trois Eglises, distantes l'vne de l'autre de douze ou quinze milles. Il y a quelques milliers de Chrestiens, cultiués par vn de nos Peres, & plusieurs autres Neophytes continuellement se ioignent à eux.

Nous deseruons aussi au Royanme de Muterte cinq autres Eglises éloignées de cinq ou six mille l'vne de l'autre. Deux de nos Peres y resident & s'ocupent à l'instruction de plusieurs Chrestiens; dont la pluf-part fut gagnée à la Foy par le P. Iacques Finicio de Capoüe, qui a labouré cette vigne de nostre-Seigneur quarante-deux ans.

Il y a quelques Chrestiens en Calicut, & ses confins qui releuent du Roy Zamorin: les Peres de Cochin les aydent par frequentes visites. Le Roy qui demeure en cette ville là, a tesmoigné

autres-fois quelque volõté d'embrasser
la loy de l'Euangile ; mais iusqu'à present, il ne s'est point determiné d'en venir iusqu'à l'effet. Il estime nos Peres, &
prend grand plaisir d'oüir parler des
choses du Ciel.

Nous auons plusieurs petits ouurages
composés par les nostres en diuers temps
& langues propres de ces Royaumes, &
specialement en la Tamusse, & bien
qu'ils ne soient encore imprimés, neantmoins courent par les mains des seculiers. Entre les personnes insignes en
cette langue, qui viuent encore, est le
Pere Laerce, d'Albert d'Aorte, nepueu d'vn autre Pere plus ancien de mesme nom, qui est venu à Rome, par deux
fois Procureur, & a esté Prouincial de
l'Inde, personnage de tres-grand merite.

Parmy les autres Missionnaires de
cette ample Chrestienté le P. Iean Phi-
lippe Grandi du Royaume de Naple, y
veille depuis plusieurs années si assiduë-
ment, que depuis long-temps il n'a
point eu de domicile stable, afin d'aller
plus promptement au secours de ces
Chrestiens, tres-nombreux, épars en

diuers lieux fort éloignés, qui sont tous soubs sa iurisdiction spirituelle.

Mission de Colam & Trauancor.

NOvs auons à Colam, qui est vne forteresse de la Couronne de Portugal, vne maison & vne Eglise auec quelques-vns des nostres, qui trauaillent au bien spirituel tant des Europeans que des naturels du païs, lesquels sont quasi tous Chrestiens.

De cette ville commence le Royaume de Trauancor sujet au Roy de mesme nom, dans les terres duquel, qui s'estendent sur la Mer, plus de cent cinquante milles, & sont tres-peuplées, douze des nostres vont sans cesse en Mission, formants & gouuernants cette Chrestienté, fondée autre-fois par S. François Xauier, & l'augmentants par la conuersion de plusieurs Payens.

Vers les confins de ce Royaume en vn lieu nommé Cotaté, il y a vne Eglise celebre de S. François Xauier, en laquelle ce sainct se monstre tres-fauorable, non seulement aux Chrestiens, qu'il a iadis tant aymé; mais encore aux Payens, qui de tous les Royaumes voisins y acourent, pour impetrer de luy secours en leurs necessitez, & plusieurs en remportent des graces singulieres, & ce qui est le plus important, la conuersion de leurs ames.

Mission des Parauas, ou de la coste de la Pescherie.

LE Royaume où demeurent les Parauas, qui est aussi maritime, est scitué en la coste opposée à Trauancor, entre le milieu du promontoire de Comorin, & s'estend en longueur vn peu plus de cent cinquante milles. Il se nōme autrement la coste de la Pescherie, dautant qu'en cette Mer on y pêche les perles, qui est l'vnique richesse, de laquelle les Parauas, d'ailleurs tres-paures, tirent dequoy se sustenter.

Icy l'Apostre de l'Orient sainct François baptisa quatre vingts mille Payés, sans ceux qui furent baptisés en tres-

grand nombre par son grand amy, &
tres-cher compagnon le Pere Antoine
Criminal Parmesan, lequel le premier
de la Compagnie, le S. mesme estant
encore en vie, rendit témoignage de la
verité de la Religion Chrestienne par
son propre sang.

Nous auons à present en ces lieux
douze des nostres, Missionnaires distri-
bués en diuers endroits pour maintenir
ces Chrestiens en la Foy, leur seruants de
Curés, en gagnant à la Foy tous les iours
plusieurs autres, particulierement de la
terre-ferme où ils vont souuentes-fois
prescher.

Mission de Maduré & Tricilipali.

IL y a pres de quarante ans que cette
Mission a esté commencée. Le Pere
Robert de Nobilis, qui vit encore,
de famille illustre assés connuë dãs Rome, en a esté le Fõdateur. Il a vécu tou-
jours parmy ces peuples, pour les gagner
plus aisément, se vestant à leur mode,
ne mangeant non plus qu'eux ny chair

ny poiſſon. Dans le cours de ce temps,
tres-grand nombre de Brachmanes ſe
ſont rendus à IESVS-CHRIST, auec
d'autres principaux Seigneurs, & pluſieurs ſans ceſſe les ſuiuent par les ſoins
& ſecours d'autres de nos Religieux.

Entre ces ouuriers incomparables, le
Pere Antoine Vico Italien, natif de
Montalto, eſt digne d'vne eternelle
memoire. Apres trente ans de trauail
continuel en ce païs, ayant fait pluſieurs
notables conuerſions, il eſt decedé en
l'âge de ſoixante & dix ans, auec grande
opinion de ſainteté.

En ces dernieres années le P. Baltaſar
d'Acoſta Portugais, vn des compagnons
du Pere Marcello Maſtrilli, a conquis
icy à noſtre-Seigneur pluſieurs milliers
d'Infideles de la populace, traitant &
conuerſant auec eux ſeuls, ſans auoir aucune communication auec les Nobles,
qui mépriſent & abhorrent le ſimple
peuple, comme ailleurs nous abomine-
rions les choſes viles & ſales.

Nos Peres reſident auſſi à Tricilipali,
qui eſt vne ville fort peuplée du Naï-
que ou Prince de Maduré, où ils font
vne grande conqueſte d'ames, tant par-

mi les Nobles qu'entre le vulgaire.
L'an passé beaucoup furent baptisés,
Dieu se seruant à cét effet d'vne famine
terrible & cherté extreme de viures, en
laquelle les nostres procurants l'aumône
aux corps, ont ensemble procuré à ces
esprits aueugles les lumieres de la con-
noissance de Dieu, & les richesses de sa
grace.

Mission de Ceilan.

NOus auons perdu les années pas-
sées en l'Isle de Ceilan vn College
& plusieurs residences. Ce fut lors que
la forteresse de Gale & Negombo vint
à tomber entre les mains des Hollandois, auec partie des sept Coroles, qui
estoient quasi toutes soubmises à la Foy
de IESVS-CHRIST.

Depuis peu quelques-vns de nos Peres ont esté en ce païs : lesquels y ont ad-
ministré secretement de nuit les Sacrements de Confession & de Baptesme,
affermissants plusieurs en la Foy Romaine : mais ce seruice qui se rendoit à

Dieu, n'a peu estre de longue durée : car les Heretiques en ayants eu connoissan-ce, chafferent incontinent nos Peres, publiants des Edits rigoureux contre tous les Religieux, & particulierement contre les Iesuites.

A present nos Peres demeurent en la ville de Colombo & aux villages circon-uoisins, où ils conseruent ces peuples nommés Cingalés, en la Foy de noftre-Seigneur, & tout ensemble en l'obeïs-sance du Roy de Portugal leur vray & legitime Seigneur. Le fruit de leur la-beur eft tel, qu'vne bonne partie de noftre armée que nous auons en cette Ifle, eftant composée d'Indiens, ils se monftrent fi animés tant par l'exemple de la valeur des Portugais, que par le courage, lequel leur eft infpiré par nos Peres, qui les accompagnent, qu'ils font refiftance non moins aux Holan-dois, lefquels ont fans cefte les armes en main, qu'à leurs compatriotes Payens, auec lefquels nous confinons.

Le Vice-Roy des Indes enuoya l'an paffé en ces côtrées, qui font tres-vaftes & tres-fertiles, vne colonie de Salfetans, auec leurs femmes & enfants. Ils fe

foûmirent volontiers à ce voyage par
l'induſtrie des noſtres, qui ſont Curés à
Salſette, & comme les Salſetans ſont
Chreſtiens plus anciens & plus fermes
en la Foy, leur exemple ſeruira beaucoup à ces peuples auec leſquels ils doiuent viure.

Par ordre du meſme Vice-Roy vn
de nos Peres reſide en Candia, qui eſt la
Cour du Roy de Ceilan, où non ſeulement il aſſiſte pluſieurs Chreſtiens Europeans qui y ſeiournent, & particulierement noſtre Ambaſſadeur; mais de
plus va procurant d'affectionner les
Payens à noſtre ſaincte Foy & noſtre-
Seigneur daigne par ſa bonté d'ouurir les yeux à quelqu'vns d'entr'eux qui
s'enroollent à ſon ſeruice.

Miſſion de Iafanapatan, & de Manar.

Iafanapatan eſt vne partie de l'Iſle de
Ceilan, laquelle anciennement auoit
ſon propre Roy, & à preſent releue
du Roy de Portugal. Du temps de ſainct
François Xauier ſix cents Indiens qu'il

auoit quafi tous baptizés, y moururent
pour la Foy de noftre-Seigneur : du depuis la Religion Chreftienne y a eu de
fi heureux accroiffements, par le trauail
affidu des noftres, que tous la profef-
fent publiquement. Le P. Ignace Bruno
Napolitain, & le P. Pierre Berguin
François, tous deux encore viuants, ont
trauaillé beaucoup en cette vigne de
Iesvs-Christ, deracinants totalement
le culte des Idoles, & compofants plufieurs Liures tres-fructueux en cette
langue, qui feruent encore beaucoup à
la conuerfion des peuples circonuoifins
qui les lifent.

L'Ifle de Manar voifine de Ceilan fe
rangea au feruice de noftre-Seigneur au
temps de fainct François Xauier, qui
dépefcha fon compagnon pour leur
conferer le Baptefme. Les noftres ont
depuis continué cette culture, faifants
l'office de Curés en diuerfes refidences,
qu'ils y ont. Le voifinage de cette Ifle,
auec les terres du Roy de Narfinga eft
caufe que depuis quelques années elle
s'eft incroyablement acreuë, non tant
en Habitans eftrangers, lefquels y ont
abordé pour le trafic, qu'en nouueaux

Chrestiens : car quasi tous les Payens qui y ont fait quelque sejour à l'occasion de la marchandise, ayants esté instruits par les nostres des verités de l'Euangile, se font rendus Chrestiens.

Missions de Nagapatan, Meliapor, Bengala & de Pegu.

NAgapatan est vne forteresse, où il y a garnison Portugaise, en la coste de Choromandel : nous y auons vn College, dont les Peres ne vaquent pas seulement à l'instruction des Chrestiens de la ville ; mais font aussi de frequentes courses par les lieux voisins, y recueillants tousiours vne riche moisson de plusieurs Payens conuertis à la Foy.

Le mesme se fait à Meliapor, nommé autrement la ville de sainct Thomas, en laquelle le sainct Apostre fut martyrisé. Voire le fruit est icy d'autant plus plantureux, que plus grands font les miracles, que nostre-Seigneur y opere par l'intercession du Sainct, notamment par l'entremise d'vne Croix prodigieuse,

que

que le mefme Apoftre y a laiffé. Le iour
de fa Fefte, au terme de certaines années
elle fuë à la veuë de tout le peuple vne
diuine liqueur, de laquelle les Indiens
fe feruent tres-vtilement en leurs mala-
dies, comme d'vn remede venu du
Ciel.

Pour ce qui eft de Bengala, où s'em-
bouche le Gange dans l'Ocean, quoy
que nous ayons perdu le College, que
nous auions dans le fort d'Vgolin, que
le Roy de Mogor qui regne à prefent, a
pris, nos Miffionnaires n'ont toutesfois point manqué de fructifier par ces
vaftes campagnes de la gentilité. Maintenant il y en a quelques-vns en vn lieu
bafti fraifchement par les Portugais, &
de là ils s'auancent dans les pays des
Payens, non fans recolte notable de
conuerfions.

En ces dernieres années qu'vn Seigneur fignalé Chreftien, qui fe nomme
Mirfa, a efté gouuerneur de Bengala, au
nom du Roy de Mogor, lequel auoit
pour fon Confeffeur & de toute fa famille, le P. François Morando Italien,
de la prouince de Goa, l'amplification

E

dela Foy s'est veuë merueilleuse en ce
Royaume.

Au Royaume de Pegu qui confine
auec celuy de Bengala, trois des nostres
cultiuent plusieurs Chrestiens, qui furent là conduits prisonniers par ce Roy
infidele, au temps qu'il se rendit maistre
d'vne bourgade sans murs & sans fort,
que les Portugais possedoient là proche
de leurs terres. Ces mesmes Peres y ga-
gnent aussi à Dieu plusieurs Payens,
nostre Seigneur se seruant de la prison,
que les nostres souffrent volontiers en
compagnie de ces pauures captifs, pour
en apeller plusieurs à la vraye liberté de
ses Enfants. Entre les autres Missionnaires le P. Emanuel de Fonseca Portugais, a eu du Roy plein pouuoir d'aller
par tout où il voudroit. Ledit Pere ayãt
esté dé-ja quelques-fois éleu Prouincial
de sa prouince, n'a iamais voulu accepter
la charge, à laquelle il n'estoit pas ab-
solument astraint par les Superieurs,
afin de ne point abandonner l'heroïque
entreprise qu'il auoit entre les mains, du
salut de cette nation si necessiteuse.

Missions de Malacca, Batauia, Macassar & Maluco.

DEpuis que Malacca est tombée entre les mains des Hollandois, la Religion Catholique y est décheuë de iour à autre par faute d'Eclesiastiques, qui par le passé l'y fomentoient : nostre Compagnie y contribuoit de tout son possible par la grande multitude d'ouuriers du nombreux College qu'elle y auoit, qui tous & dedans & dehors trauailloient auec notable émolument de cette Chrestienté tres-populeuse.

En ces derniers ans quelques-vns de nos Peres se sont arrestés tant à Malacca, qu'à Batauia à diuerses reprises, en y attendant l'ocasion & le temps du passage de Goa à Macao. Les seruices qu'ils y ont rendu à Dieu, ont esté tres-considerables, particulierement le Pere Thomas Valgarniera de Palerme & le P. Mathias de Maya Portugais, deux tres-feruents Missionnaires, qui ne se peuuent assez loüer. Il est bien vray que le diable n'a pas manqué de troubler le bien qu'ils faisoient parmy ces pauures Catholiques , donnant de ·la ialousie aux Heretiques , & nommement à leurs Predicants. Aussi ces Ministres de Sathan prenant l'aduancement de la Religion Catholique pour vn affront & vn des-auantage de leur Secte, ont traité & coniuré entr'eux de l'esteindre entierement en ce païs-là, par des Edits tres seueres publiés contre les Religieux Romains , nommément contre les Iesuites. Ie raporteray icy vne Lettre du Pere Pierre François Italien écrite de Malacca le 30. Octobre 1646. qui parle en ces termes.

Ie n'ay peu retourner de Batauia que quatre mois ne se soient écoulés, à raison des vents contraires, Nostre-Seigneur le voulant ainsi, afin de recueillir quelque fruit en cette Chrestienté si nombreuse, y ayant dans Batauia plus de trois mille Catholiques sans Pasteur. Mes occupations continuelles ont esté d'administrer les Sacrements à toute heure, les Baptesmes se presentants six & huit par iour, & pour la plus-part d'adultes ; les Hollandois se mettants fort peu en peine de baptiser les Enfants

de leurs feruiteurs Indiens. Les Confeſſions ſe font faites ſans intermiſſion
iour & nuit, pluſieurs accourants deux
heures deuant le iour pour ſe Confeſſer
& Communier.

Ie diſois au Dimanche deux Meſſes,
vne de fort grand matin deuant la pointe
du iour pour les Hollandois Catholiques cachés, l'autre vn peu plus tard
pour les originaires du païs, qui n'a-
uoient point tant de peur.

Lors que i'eſtois au fort de ces ſainƈts
miniſteres, les bons Peres Iacques d'O-
liuiera, Alexandre Rhodéjet, Staniſlas
Torrente exilés de Malacca pour la
Predication de l'Euangile, aborderent
icy, où ils firent grand fruit, comme ils
auoient fait à Malacca, de ſorte que durant leur ſéjour en cette ville-là, il ſemble que cette Chreſtienté tres-affligée
ait vn peu reſpiré, & ſe ſoit renouuellée
par le ſecours de ces excellents Miſſionnaires.

Nous auons eſté pendant le Careſme
ſurchargé d'vne nouuelle occupation,
qui a eſté de ſecourir les Iaponnois, leſquels demeurent en grand nombre à Ia-
quatia, & dont quelques-vns ont eſté

E iij

bannis pour noſtre ſaincte Foy. Nous
auons prêché en leurs logis, où le concours eſtoit tres-frequent pour nous entendre. Ils y ont tellement profité, qu'ils
ont quitté pluſieurs erreurs, qu'ils auoiét
contracté par le commerce & la hantiſe
des heretiques, & ſe ſont reconciliez à
l'Egliſe Catholique, approchants des
Sacrements de Confeſſion & de l'Eu-
chariſtie en bons Chreſtiens & Catholiques.

Cependant que nous auons eſté icy,
il n'y a eu aucun Catholique, qui ayt
mené ſes Enfants baptiſer au Temple
des Heretiques, ce qu'ont meſme prati-
qué les Hollandois Catholiques, qui
n'ont point d'Offices publics, voire encore quelques-vns de ceux qui en ont,
comme l'a fait le facteur de leur Compagnie.

Ie ne puis obmettre ce qui eſt arriué
icy à vne Dame Hollandoiſe mariée:
elle n'auoit iamais ny oüy dire la Meſſe,
ny traité auec aucun Preſtre Romain,
mais eſtant venuë vn iour traueſtie en
compagnie d'autres perſonnes au lieu où
ſe celebroient nos ſacrés myſteres, elle
témoigna vn grand deſir d'eſtre inſtruite

aux choses de noſtre Religion, & d'eſtre
éclaircie de certaines doutes & difficul-
tés qu'elle auoit. Apres la Meſſe elle
me fit dire qu'elle ſouhaiteroit de me
parler d'vn ſujet tres-important, & qu'à
certain iour prefix ie la trouuerois au logis du meſme Catholique.

Ie m'y tranſportay au temps nommé,
& l'y ayant trouuée elle me teſmoigna
d'abord qu'elle eſtoit fort tourmentée
de ſcrupules de conſcience, luy paroiſ-
ſant fauſſe la Religion que les Prote-
ſtants ſuiuoient , & qu'elle auoit toûjours eſté dans le deſir d'eſtre Catholique , mais deuant que de l'effectuer;
qu'elle deſiroit que ie luy declaraſſe
certains points de la ſaincte Eſcriture,
deſquels elle ne ſe pouuoit démeſler
d'elle meſme. I'acepte la charge , &
l'eſpace de huit iours en preſence de
quelques Catholiques, ie luy explique
tout peu à peu : C'eſtoient des doutes
communs des Heretiques ſur la Confeſſion , le Sacrement de l'Autel , le
Purgatoire, le Lymbe, l'Adoration des
Images, & autres ſemblables articles de
la Foy.

Il pleût à noſtre-Seigneur que cette

Dame demeura pleinement satisfaite de mes responses, & apres quelques autres iours, qu'elle prit pour faire vne plus meure deliberation, elle retourna, & me dist que desormais elle ne vouloit ny croire ny professer autre Foy que la Romaine, & feit en presence de quelques Catholiques l'abiuration de toute autre Secte, & la profession de nostre saincte Religion. Enfin elle me fit vne Confession generale de toute sa vie, auec tant de larmes & de sanglots, que i'en demeuray confus. L'exemple de cette Dame attira plusieurs autres de ses amis, lesquels se sont aussi tous reconciliés à l'Eglise, se Confessants & Communians comme vrays Catholiques.

Les Predicants des Hollandois s'estant aperçeus par ces changements, que plusieurs personnes de qualité venoient à manquer à leur Temple & à leur Presche, comme aussi à leur Cene, le sentirent tres-vifuement, soupçonnants assez que ces pertes leur estoient causées par les Religieux Catholiques qui estoient en la ville. Pour cette raison à la fin de leurs Presches & autres ceremonies, ils se seruoient de ces paroles

pour conclusion. Nous prions tous le
Seigneur, qu'il veille nous délivrer du
Pape de Rome, des Catholiques Romains, des Mahometans, du Matarano,
& de certains loups affamez qui vont
rodants par Batauia. Ils ne peurent
neantmoins apres toutes leurs perquisi-
tions, sçauoir rien de certain de ce qui
se passoit, ny n'empescherent nos sus-
dites occupations. Cependant la saison
estant venuë de m'embarquer pour Malacca, i'y trouue de sanglants Edits publiés contre les Catholiques, par lesquels non seulement se deffendoit l'v-
sage de la Religion Romaine en public,
mais se découuroit encore l'intention
peruerse de la déraciner entierement de
cette ville. L'Edit affiché par les coins
de toutes les ruës estoit de cette teneur.

Dautant que nous trouuons que les
personnes spirituelles ou Ecclesiastiques Portugais vont contre l'article
vingt-sixiéme du Contract passé entre
les hauts & puissants Seigneurs les Estats
generaux, & le haut & puissant Seigneur le Roy de Portugal, & que nous
voyons iournellement que ledit article
se viole publiquement, lesdites person-

nes Preschants, disants Messes, & fai-
sants autres superstitions publiquemēt,
comme s'ils estoient sur leurs terres, & à
cét effet les mesmes personnes spirituelles soubs pretexte de nauiger d'vn endroit à l'autre, s'arrestent long-temps en
cette ville, specialement les Iesuites,
pretendants que quelques-vns des leurs
y demeurent tousiours. Et parce que
nous sçauons d'autre-part par experience le grand tort que font à la Religion
reformée les sus-nommés Iesuites, la
troublant & la mettant en grand peril
de sa ruine: Nous autres voulants remedier à temps à des inconuenients de telle consequence, par ordre de nostre conseil general, commandons expresse-
ment par le present Edit, qu'à l'auenir
aucune personne spirituelle qui passe
par icy, n'y puisse arrester ny faire exercice ou office aucun de sa Religion, mais
sera obligée de s'en retourner par le mesme vaisseau, par lequel elle y est
venuë.

Commandons aussi à tous autres
Prestres qui seront icy, qu'ils ayent à
vuider du territoire de Malacca dans vn
mois, & s'ils n'en veulent sortir, mais y

demeurer, que ce soit à condition de changer incontinent l'habit de Spiri-tuel ou Ecclefiaftique, & fe veftir en fe-culier, ne faire aucun exercice public de fa Religion, ny n'affembler le peu-ple à cette fin.

Nous defendons de plus à quicon-que que ce foit l'exercice en public de la Religion Romaine, & enioignons à nos Officiers, que là où ils fçauent qu'il s'y en fait, ils ruinent en diligence telle maifon ou Eglife, & puniffent griefue-ment les perfonnes qu'ils trouueront furprifes en ce delit.

Enfuite de l'execution de cét Edit, tous les Oratoites où fe difoit la Meffe, furent auffi-toft fermés, & ie fus forcé de me cacher hors de la ville, fpeciale-ment à caufe qu'en mefme temps des ordres encore plus rigoureux vinrent de Hollande, par lefquels on obligeoit tous les Catholiques, les grands auffi bien que les petits, d'aller chaque Di-manche tant le matin que le foir au Prefche, & les Enfants aux Efcholes des Proteftants.

On penfe neantmoins que cette tem-pefte fera pour ceffer, au moins en par-

tie, quand apres mon depart il ne vien-
dra plus perſonne de la Compagnie pour
quelque temps.

De cette Lettre venuë de Malacca il
apert quel eſt l'eſtat de cette Miſſion, laquelle maintenant eſt vne des plus affli-
gées, qui ſe voye en l'Inde, quoy qu'elle
aye eſté par cy-deuant l'vne des plus for-
tunées & glorieuſes.

Macaſſar Iſle ſpatieuſe, qui a vn Roy
More, eſt frequentée depuis pluſieurs
années par nos Peres, leſquels y ont vne
reſidence ſtable, nommément depuis la
perte de Malacca. Pluſieurs Malaccois
Chreſtiens ne pouuants ſupporter le
ioug des Hollandois, s'y ſont retirés, &
auec permiſſion du Roy y ont fait vne
groſſe peuplade de plus de trois milles
Catholiques.

Or iaçoit que nos Peres ne ſeruent pas
icy de Curés, à cauſe qu'il y a des Preſtres ſeculiers Portugais, que l'Archeueſque de Goa y a enuoyé, neantmoins
ils aydent beaucoup pour les Confeſſions, Communions & Predications, &
ſur tout aux reconciliations, conſeruants
ces peuples en paix parmy les differents
qui peuuent naiſtre entre eux.

Quant à ce qui eſt de Malucco, cette Prouince y auoit par cy-deuant vn College, & vne miſſion, mais ſur la diuiſion auenuë des couronnes de Portugal & d'Eſpagne, elle eſt demeurée entre les mains des Peres Eſpagnols de noſtre Compagnie, qui ne manquent pas de la cultiuer & accroiſtre ſelon leur grande vertu & ferueur.

C'eſt ce qui ſe preſente à dire briefue-ment des Miſſions de cette Prouince, re-mettant aux lettres annuelles le narré des choſes prodigieuſes & des cas me-morables, qui y ſuruiénent tous les iours en grand nombre.

RELATION

SVCCINTE DES

Missions de la Compagnie de IESVS de la Prouince du Iapon & de la Chine, en l'Inde Orientale, presentée à la sacrée Congregation de la Propagation de la Foy.

CETTE Prouince, Eminentissimes Seigneurs, qui a esté aussi commencée par le glorieux Apostre Sainct François Xauier, & amplifiée par les autres Missionnaires de nostre ordre depuis cent ans, contient les Missions suiuantes, le Iapon, la Chine, la Cochinchinne, le Tonquin, Aynam, Laos & Camboya. Ie diray de chacune d'elles quelque cho-

se pour donner à vos Eminences vne
briefue connoiſſance de leur eſtat preſent.

Miſſions du Japon.

LE Iapon dés l'an 1549. auquel ſaint
François Xauier y entra le premier
Predicateur de l'Euangile, & y baptiſa
vn grand peuple, iuſques à l'an 1612. auquel la perſecution commença, a fleuri
d'vne façon ſi auantageuſe, & a eu des
accroiſſements ſi merueilleux en la conuerſion des Gentils, qu'en ſoixante
& ſix prouinces qui compoſent ce
grand Empire, noſtre Compagnie
auoit de tres-abondantes occupations
en neuf Colleges qu'elle y poſſedoit,
auec ſoixante & quatre reſidences, deux
Seminaires tres-nombreux, & deux
maiſons de Nouitiat. Quant au fruit
qui ſe retiroit & aux Bapteſmes, qu'on
y celebroit ſans ceſſe, les Hiſtoires des
Indes, ſpecialement du ſiecle paſſé, en
ſont toutes remplies.

Mais depuis l'an 1612. iuſques à nos
temps preſents, les choſes venāts à chan-

ger de face, & la scene, qui estoit auparauant blanche & toute riante se tour-
nant en rouge,& sang, les persecutions
s'y sont renouuellées, les plus cruelles,
que l'Eglise primitiue au siecle des Em-
pereurs Romains ait iamais ny veu, ny
enduré, y mourants pour la Foy Catholique, par des supplices tres-horribles &
inoüys, innombrables seruiteurs de Dieu,
tant seculiers de toute condition & âge,
que de Religieux, pareillement de tous
ordres, Europeans & Orientaux. Nostre
seule compagnie peut en dresser vn bien
ample catalogue, nombrant entre eux
vn visiteur Italien auec quatre de ses
compagnons, lesquels depuis l'an 1642.
ont souffert vne cruelle mort pour la
mesme raison.

L'estat present de la religion en ce pays
selon le rapport des lettres venuës de
Macao depuis ces deux années dernieres, est le plus deplorable qui puisse
estre. Il se void de ce que non seulement
il y a deffence de precher l'Euangile
soubs peine de la vie, tant pour le Predicateur, que pour les auditeurs, fauteurs
& de tous ceux qui en auront connois-
sance; mais de plus les originaires du pays
                                        sont

sont tous obligés de porter au col l'image des Idoles, qu'ils adorent pour vne marque & protestation publique de leur loy impie.

De là vient que plusieurs par foiblesse & pusillanimité vont en arriere, au moins au dehors, pour n'auoir pas le courage de confesser IESVS-CHRIST ouuertement, comme ils deuroient. Il est bien vray que plusieurs autres Iaponnois Chrestiens se sont exilés volontairement de leur patrie, s'en allants demeurer à la Correa, & autres Royaumes circonuoisins, où ils peuuent auec plus de liberté & d'asseurance professer la Loy de nostre-Seigneur, & sont aydés des nostres, qui resident là auec eux. Il y a aussi quelques ieunes hommes Iaponnois éleués en nostre Seminaire de Macao, & y estudient en intention d'estre receus en nostre Compagnie, afin qu'apres qu'ils auront esté instruits suffisamment, ils entrent dans le Iapon le mieux qu'ils pourront pour secourir leurs compatriotes. Aussi le P. Pierre Marques, qui descend du costé maternel d'vn de ces Roys de Bungo, duquel il est parlé en la vie de sainct François,

F

ne fait qu'atendre quelque bonne occafion pour paffer au Iapon. Le P. Pierre
François Marques fon frere vterin fut
martyrifé à Nangafachi il y a fix ans,
auec deux Peres Italiens; vn Pere Polonnois, & vn autre Efpagnol.

Nous n'auons point de nouuelles certaines depuis quelques années de deux
autres de nos Peres. Vn eft Iaponnois,
qui a eftudié autres-fois à Rome au téps
de Paul cinquiéme, & l'autre Italien,
tous deux fort anciens en cette Miffion.
On difoit toutesfois par la Relation des
Hollandois, que ce fecond auoit efté
mis à mort en compagnie de plufieurs
Chreftiens d'vne bourgade, pour n'a-
uoir voulu obeïr aux Edits de l'Empereur, qui preiudicioient à la pureté de
la Religion Chreftienne.

Il y a deux ans qu'au nom du Roy de
Portugal on a enuoyé des Ambaffa-
deurs de nouueau au Iapon pour traiter
du commerce auec noftre port de Macao, nous ne fçauons pas au vray le fuc-
cés de l'Ambaffade. Plaife à Dieu qu'il
foit plus heureux que de celle qui fut
enuoyée il y a quelques années par le
gouuerneur de Macao, la fin de laquelle

ne fut autre que la mort de quatre Ambaſſadeurs auec cinquante & tant d'autres perſonnes de leurs ſuittes, tant des Indes, que de l'Europe, ou il y en auoit pluſieurs fort ieunes qui preſenterent tous conſtamment le col au boureau, pour ne vouloir renier IESVS-CHRIST, comme ces barbares gouuerneurs violants le droit des gens les y voulurent forcer.

L'on a porté à Rome cette année, & preſenté les teſmoignages de quatre perſonnes d'authorité, qui ont les derniers adminiſtré l'Eüeſché de Macao au temps du ſiege vacant, & celuy du ſieur Oratio Maſſa Docteur és loix, gentilhomme de l'Eſtat de Gennes, qui de plus ſont authoriſés du ſigne de l'Archeueſque Primat des Indes, leſquels depoſent tous qu'on ne rend point encor icy le culte de ſainct, ny au ſeruiteur de Dieu le P. Charles Spinola, ny à aucun de tous les autres, tant de la Compagnie, que des Ordres de ſainct François & de ſainct Dominique, & pluſieurs autres, qui ſont morts iuſqu'à preſent au Iapon pour la Foy de IESVS-CHRIST.

Nos Peres ont il y a déja bien long-temps composé en langue Iaponnoise la Grammaire, le Dictionnaire, & diuers autres ouurages spirituels.

Missions de la Chine.

LA Mission de la Chine, à laquelle auoit tant aspiré sainct François Xauier, que la mort surprit en l'Isle de Sanciano contiguë à ce grand Empire, fut par apres commencée heureusement par le Pere Michel Roggiero Napolitain, & le P. Mathieu Riccio de Macerata, lesquels y furent enuoyés par le P. Alexandre Valignano Italien, qui fut l'espace de plusieurs années visiteur de toute l'Inde. Le Christianisme s'est respandu tres-amplement depuis soixante ans en ça par ce païs immense, qu'on peut comparer en grandeur à toute nostre Europe. Les Missionnaires de la Compagnie ont tenu en toutes ces contrées, & tiennent encor plusieurs residences, conuertissants à nostre saincte Religion grand nombre tant de la populace, que des principaux de la Chine, nommés Mandarins, qui sont ceux lesquels pour leur science & prudence gouuernent, ou bien sont capables de gouuerner l'Estat.

On continuë à present de faire le mesme fruit, mais auec plus de liberté & d'asseurance; car nous auons vn ample pouuoir de prescher l'Euangile par tout. Le Prince Tartare qui depuis quelques années a enuahi la plus grande partie de la Chine, nous l'a tres-amplement octroyé. Il tient pres de luy pour son fauory en la ville capitale le P. Iean Adam Alemand grand Mathematicien, auec le P. Michel Valta aussi Alemand, & le Pere François Ferrari Piedmontois.

Le reste de la Chine à sçauoir le Royaume de Canton, & partie de celuy de Cinceo, qui se maintient en la fidelité & obeïssance de son Roy legitime, est frequenté par nos Missionnaires auec le congé du mesme Roy, qui cherit fort le P. François Sambrasi Calabrois, auquel il a fait ces dernieres années des faueurs extraordinaires, & de tres-signalés honneurs, iusqu'à luy donner plein pouuoir de distribuer des terres en son nom, le deputant aussi à Macao pour des affaires importantes , mesme au Christianisme.

Le P. Martin Martini de Trente est aussi fort estimé en ce païs. Au temps des reuoltes suruenuës il estoit Confesseur d'vn Vice-Roy nommé Achille, Chrestien fort ancien, & l'vn des principaux Mandarins qui a donné au mesme Pere le titre de Mandarin, & coniointement auec cette dignité vn pouuoir tres-ample de prescher l'Euangile. Le P. André Volphango Cephler d'Austriche est aussi en tres-haute reputation. Il accompagna en guerre vn grand Seigneur aussi Chrestien, qui tient vn grand Estat, correspondant à vn des bons Duchés d'Italie.

Ce Pere raconte qu'vn Mandarin fort qualifié, qui se confessoit à luy , fut conseillé par des Medecins Payens de se repaistre du sang des petits Enfants pour sauuer sa vie, & se liberer d'vne indisposition , qu'ils disoient estre autrement incurable; mais il ne voulut point suiure vne si cruelle ordonnance, quoy que le mal l'eust reduit aux dernieres extremités. Dieu recompensa sa vertu, car à peine eût il receu l'Extreme-On-

&ion,qu'il recouura quafi à l'improuifte vne fanté parfaite , demeurant au refte plus que iamais confirmé en la Foy, laquelle peu d'années auparauant il auoit embraffée.

La moiffon des ames qui fe fait à prefent à la Chine par les conuerfions tres-frequentes eft plantureufe . Elle feroit encor plus grande fi les chemins n'eftoient point infeftés des voleurs & affafins, lefquels ont fait, & continuent de faire plus de mal que toutes les guerres precedentes n'en ont caufé : neantmoins on écrit dans les dernieres Lettres venuës de ces pays-là, qu'en la feule refidence adminiftrée par le P. François Branchati Sicilien, deux mille Payens ont efté baptifés dans le cours de deux années; le mefme Pere adiouftant qu'il n'auoit pas pû penetrer plus auant dans d'autres lieux, à raifon de l'empefchement des larrons, dont toute la campagne eftoit couuerte.

Vne nouuelle refidence a efté recemment eftablie à vne des principales ville du Royaume de Canton , auec vne Eglife fort capable, en laquelle deux de nos Freres Flamans bons Peintres,

dont l'vn se nomme Ignace Laggoti ont
fait diuerses peintures : Le P. Iean Nicolas Smogolefki Polonnois y reside &
cultiue grande partie des Chrestiens de
Canton, qui augmentent tous les iours
par la conuersion de plusieurs Payens. Il
y a deux ans que le P. Baltasar Citadella
Lucquois deuoit aller de Macao par la
Chine au dedans du Royaume, à l'instance de l'illustrissime Archeuesque de
Goa, auec authorité de la sacrée Congregation de la Propagation de la Foy,
pour y publier quelques-vns de ses
ordres.

Outre ces deux Peres sus-nommés &
ces deux Freres, nous y auons d'autres
Peres, qui trauaillent aussi à la culture
de ce champ si spatieux : tels sont le Pere
Iule Leni de Bresse ouurier fort ancien
de ces Missions & d'insigne merite, le
P. Pierre Cancuary Genois, qui depuis
de longues années est employé en la
prouince de Ciuencen, le P. Louys Bu-
gly de Palerme, qui le premier est entré
en la prouince de Suchuen, & a fondé
en sa capitale vne residence & vne Eglise, le P. Michel Trigaut, nepueu du P.
Nicolas Trigaut Flamand, qui est venu

à Rome Procureur, & a composé l'Histoire de la Chine, le P. Pierre le Febure François, le P. Nicolas Lombart, le P. Hierosme Grauina Sicilien, quatre de nos Freres Chinois bons Catechistes, & dix Peres Portugais auec le Pere Aluare Semedo de present vice-Prouincial, lesquels estants tous dispersés en diuers lieux de ce tres-vaste Empire, s'euertüent de tout leur possible de l'assujetir par leurs trauaux assidus au ioug suaue & à l'obeïssance de Iesvs-Christ.

De plus, plusieurs autres Chinois seculiers & éleués en nos maisons, & instruits plainement des matieres de nostre saincte Foy viuent auec ces Peres, & les accompagnent dans les Missions, les soulageants en ce qu'ils pourront pour la conuersion de leurs compatriotes.

Outre le Dictionnaire & Grammaire composés en cette langue, plusieurs autres Liures Spirituels ont esté mis en lumiere par nos Peres en diuers temps, & mesme la Philosophie naturelle, & autres tres-vtiles à ces peuples.

On a apporté cette année de la Chine vn liure, dans lequel il se traite du procedé des Peres Missionnaires de la

Compagnie de IESVS en la Chine, en l'adminiſtration des Sacrements, & de leurs ceremonies, en la predication de la Vie & Mort du Sauueur, & ſur la per-miſſion de quelques vieilles Couſtumes des Chinois, leſquels n'intereſſent en rien la pureté de la Foy & des Decrets Canoniques. Ce Liure ſe preſentera à la ſacrée Congregation de la Propagation de la Foy, lors qu'il ſera traduit en lan-gue Latine, ou Italienne. Nous auons à Macao, qui eſt vn port de Mer, & For-tereſſe tres-importante des Portugais, attaché à la terre-ferme de la Chine, vn grand College d'enuiron quatre-vingts ſubjets, auec les eſtudes de Grammaire, Philoſophie, Theologie, & cas de con-ſcience. Nous y entretenons auſſi vn Se-minaire de ieunes hommes d'Aſie, & là ſe pratiquent pareillement tres-pon-ctuellement les exercices de la Predi-cation, des Confeſſions, & autres ſelon noſtre Inſtitut.

Missions de Tunchim.

LE Royaume de Tunchim diſtant de Macao de ſept ou huit iournées par Mer, eſt fort peuplé de Payens. Il a commencé à ſe ſous-mettre à la Loy de Noſtre-Seigneur depuis que le Iapon commença à l'abandonner. Les premiers Fondateurs de cette Miſſion, outre le P. Iulien Baldinotti de Piſtoye, ſont les Peres Pierre Marchets Portugais (lequel depuis peu d'années eſtant Prouincial du Iapon, fut pris à Nangaſachi pour la ſaincte Foy auec quatre autres des noſtres & cruellement tourmenté) & le P. Alexandre Rhodes de l'Eſtat d'Auignon, homme fort ſçauant en ces langues. Il y a dés-à preſent en cette Miſſion plus ou moins de cent nonante mille Chreſtiens, & les dernieres Lettres qui de là ſont venuës à Goa, aſſeurent qu'en l'eſpace de moins d'vn an plus de douze milles y ont eſté baptiſés.

Les ouuriers qui à preſent ſont occupés en cette Miſſion ſi fertile, ſont le

P. Felix Morelli Romain grandement fauorisé du Roy, & fort aymé du peuple, le P. Stanislas Torrente d'Oruiette, le P. Paul Calapresio Calabrois , le P. Onuphre Borgia Suisse, le P. Hierosme Maioriqua Italien, le P. François Monte-Fuscoli Napolitain, & quatre autres Peres Portugais, hommes tous de rares talents, & fort bien versés en cette langue, tres-difficile , dautant que toutes ses paroles sont monosyllables , qui ne se distinguent l'vne de l'autre , que selon le diuers ton ou accent qu'on leur donne par la prononciation. Le P. Gaspar Louys Portugais , qui a esté beaucoup d'années en cette Mission , auoit composé vn riche Calepin en ce langage, mais il s'est perdu par naufrage , lors qu'on l'enuoya de Tunchin à Macao, sans qu'il en soit resté aucun exemplaire parfait. On a mis en lumiere plusieurs petites œuures deuotes & vtiles, comme le Catechisme , auec les Prieres & autres semblables, qui vont par les mains de ces Chrestiens , auec beaucoup de fruit.

Nous auons en la ville principale de ce Royaume vn Seminaire de quarante

ieunes hommes Tunchinois, qu'on in-
ftruit en nos fciences , fpecialement en
la Theologie, ou pour mieux dire aux
cas de confcience traduits par abregé en
leur langue. Apres vne inftruction fuffifante, ils fuiuent nos Peres dans les Miffions , & les aydent beaucoup pour la
conuerfion de leurs compatriotes. Le
naturel des Tunchinois eft pour l'ordinaire excellent, les perfonnes priuées
ont en horreur la pluralité des femmes,
& encore dauantage les autres vices fen-
fuels plus fales. Ils ne font point fi auides
du bien d'autruy comme plufieurs autres nations Afiatiques ; ains fe monftrent enclins à la liberalité, & à l'aumône, d'où auffi le fufdit Seminaire fe
maintient aux defpens de ces Chreftiens, qui contribuent de bonne volonté à fon entretien.

Il y a trois ans que fix de nos Peres
qui alloient en Tunchin, furent perdus
en la Mer par vn miferable naufrage,
deux Italiens , vn Polonnois & trois
Portugais. Il n'y eût que le feptiefme ,
qui eft le P. André Labelli Napolitain,
qui échapa pluftoft par miracle qu'au-

trement, salon la Relation qu'on a eu
de cét infortune.

Missions de la Cochinchine.

LA Chrestienté de la Cochinchine
s'est aussi formée au temps des cô-
mencements de la persecution du Iapon. Le premier Predicateur Euangelique de nostre Compagnie, qui soit entré en ce Royaume & aye commencé de
l'acquerir à nostre-Seigneur, a esté le P.
François Busomo Napolitain, homme
eminent en toutes belles qualités, lequel
ayant dedié plusieurs années de sa vie,
& continué de trauailler infatigablemét
iusques à la mort, y a veu plusieurs milliers d'Infideles confesser le sacré nom
de IESVS-CHRIST. Plusieurs autres
des nostres sont entrés apres luy en ce
Royaume, qui confine auec celuy de
Tunchim, & ils s'y sont trouués quelques-fois iusques à douze, y recueillants
des fruits en abondance, par les con-
uersiôs tres-nombreuses des originaires.

A present cette Eglise est affligée de la persecution émeuë nouuellement par le Roy infidele, lequel à l'instance de ses Bonzes ou Prestres des Idoles, a prohibé la Predication de l'Euangile, & a puni de mort tres-cruelle quelques-vns de nos Chrestiens, qui le publioient auec vne signalée ferueur & zele. Il a de plus pris comme prisonnier le P. Metel Sarano Messinois, qui seul estoit demeuré en ce Royaume, y attendant pour compagnon le P. Charles Roca Piedmontois, que les Superieurs y enuoyent de Macao. Vne Lettre dudit P. Metel écrite au P. Iean Marcelli parle de cette Mission en ces termes.

I'ay écrit à V. R. cette année par la voye de Macao. Ie luy adresse la presente par celle de Siam, la saluant de tout mon cœur. Ie suis icy en la Cochinchine trauaillant plus au logis que dehors, ne m'estant pas permis de sortir de la ruë des Iaponnois, au Capitaine desquels qui est Chrestien ie suis donné en garde par le Roy. Ie pourrois bien m'estendre hors de ces limites; mais ce seroit auec peril d'estre chassé de la Cochinchine, & de voir perdre totalement

cette si glorieuse Mission. Toutes-fois
les Chrestiens viennent de nuit à mon
logis pour y receuoir les Sacrements de
Confession & de Communion, ce qu'ils
font auec beaucoup de pieté & de deuotion. Nous allons lentement comme
à pas de plomb, nous y sommes con-
traints, la precipitation ruineroit tout.

Le premier de Iuin de cette année presente, trois feruents Chrestiens furent
martyrisés pour la Foy par le commandement du Roy. Les deux premiers
nommés Augustin & Ignace furent de-
collés, le troisiéme qui estoit vn bon
vieillard appellé Simon, apres plusieurs
bastonnades eût vn doigt coupé, desquels tourments quatre iours apres il
vola au Ciel. Trois autres furent ba-
stonnés, & on leur rasa les cheueux, ce
qui est vne marque d'ignominie en ce
païs; les choses particulieres s'écriront
dans les Relations annuelles.

J'atends auec l'embarquement qui
doit venir de Macao, le P. Charles Ro-
cea beaucoup souhaité de cette Mission affligée, laquelle est la plus mena-
cée du fer & de la mort apres celle du
Iapon. Iusques à present le Roy n'a pas

eu

eu la hardieſſe de mettre la main ſur les
noſtres, il me ſemble neantmoins qu'il
n'en eſt pas beaucoup éloigné, i'aurois
eſperé de Dieu cette ſi aduantageuſe
grace, ſi mes crimes ne l'empeſchoient.
Au reſte ce que ie procure icy eſt de tenir cette pauure Egliſe en paix autant
qu'il ſe peut en attendant vn meilleur
temps, que Dieu daigne par ſon infinie
bonté nous octroyer. Voſtre Reuerence
ſe ſouuienne de ce ſien amy, & de toute
la Cochinchine en ſes ſainƈts Sacrifices
dont nous auons grand beſoin. De Cochinchine le 21. Septembre 1646. Seruiteur en noſtre-Seigneur, METEL
SACANO.

Nous ne ſçauons pas ce qui eſt arriué
depuis ce temps-là, parce que le 5. de
Feurier de l'an paſſé, lors que les Nauires de l'Inde partirent pour l'Europe,
les Lettres de la Chine & des Royaumes circonuoiſins n'eſtoient pas encor
arriuées à Goa.

Deux ans auparauant que les trois
ſus-nommés Catechiſtes conſacraſſent
leur vie pour la Foy, quelques-autres
l'auoient dé-ja expoſée pour le meſme
ſujet en ce Royanme. Le premier a eſté

vn ieune homme nommé André. Dés
son plus bas âge il s'estoit dedié au seruice de Dieu en nostre Seminaire, faisant vœu de chasteté, & de s'employer
iusques à la mort à la conuersion des
Payens soubs la direction de nos Peres.
Sa modestie estoit rare, sa priere tres-
feruente & continuelle, sa charité enuers tous tres-admirable, & sur tous
éclatoit son zele tres-embrasé à enseigner le chemin de salut aux Infideles.

Il s'estoit occupé dé-ja quelques années en cét exercice, accompagnant par
tous les lieux de cét Estat le P. Alexandre Rhodes son Maistre & Superieur,
Dieu concourant de ses graces auec l'vn
& l'autre à la conuersion d'vne grande
multitude de Gentils. Il y a vne Relation particuliere de la mort de ce ieune
homme, & des autres circonstances dignes de memoire, aduenuës en la presence de plusieurs spectateurs Europeans & Asiatiques, tant Chrestiens,
qu'Infideles. Les Escriteaux affichés
par la ville declaroient apertement le
motif du Prince à le faire mourir, qui
estoit pource qu'il ne vouloit pas abandonner la Foy de IESVS-CHRIST,

qu'il enfeignoit, & que le Roy voyoit eftre fi preiudiciable à la fecte des Payens.

Deuant que de mourir, il fe confeffa auec beaucoup de larmes & de deuotion à fon mefme Maiftre, qui luy tenoit compagnie au lieu du fupplice. Apres il pria noftre-Seigneur pour la conuerfion de fon païs, & pour ceux qui le faifoient mourir. Il exhorta auec des paroles tres-affectueufes les Chreftiens qui fe trouuoient en grand nombre à ce fpectacle, à la fermeté & conftance en la vraye religion de I E S V S-C H R I S T. Enfin s'eftant mis à genoux il fut transpercé de lances & decollé, rendant fon ame tres-pure à fon Createur. Apres fa mort quelques cas notables font arriués, defquels le Seigneur Horace Maffa affés connu en Italie, comme refmoin oculaire fait foy par cét écrit, couché de fa main propre, & confirmé par fon ferment.

Ie Horace Maffa certifie eftre vray que l'an mil fix cens quarante quatre, le vingt-fixiéme de Iuillet, vn Dogique de la Compagnie de I E S V S, nommé André, natif du Bourg de Ramiam du

Royaume de la Cochinchine fut martyrisé en la ville de Caciam dudit Royaume, & qu'apres sa mort furent veus
en la mesme ville trois prodigieux in-
cendies continués de nuit. Au premier
les lieux & les Temples des Pagodes furent brulés, au second la prison, où il
auoit esté mis, & la ruë par laquelle les
Payens menerent au lieu du supplice ce
seruiteur de Dieu , fut aussi consom-
mée des flammes. Enfin au troisiéme le
feu prit à vne ruë où demeuroit vn Capitaine, qu'ils nomment Mandarin, lequel estant auec le Gouuerneur de la
Ville & de la Prouince , le soir qu'ariua
ce Martyre, se presenta pour aller ba-
stonner les Chrestiens qui assistoient à
la mort du sainct ieune homme, & ietter
son corps dans la riuiere, disant qu'ils ne
manqueroient point de ramasser son
sang & ses habits pour en faire des ma-
lefices. Or se ressouuenant au milieu de
l'embrasement dont il se trouua enue-
lopé de ses offres si impies, & se voyant
inuesti du feu de toutes parts , qui ne
permettoit point qu'on sauuast chose
aucune de son logis, vint enfin à recon-
noistre que c'estoit vn chastiment du

Ciel. Ainſi ſe mettant à faire Oraiſon, demanda auec vn repentir cordial au Martyr qu'il luy pardonnaſt ce qu'il auoit dit contre luy, & contre les Chreſtiens, & le deliuraſt de cét incendie, promettant de luy eſtre à iamais deuot.

Quoy que cét homme fuſt encor Payen, le ſecours du Ciel ne luy tarda pas par l'interceſſion du ſeruiteur de Dieu : car toute la ruë venant à eſtre brûlée, la ſeule maiſon de ce Capitaine, laquelle eſtoit de meſmes materiaux que les autres en fut preſeruée, ſans aucun dommage, demeurant comme vne Iſle au milieu de ce champ, tout reduit en cendres. Quelques iours apres le P. Alexandre Rhodes maiſtre dudit Dogique André ayant mis ſa teſte en ma preſence dans vne caiſſe decemment accommodée, & s'embarquant auec ce ſainct gage, auec le reſte du corps dans le vaiſſeau du Capitaine Iean de Reſandé pour le porter à Macao, lors qu'il eſtoit vers la hauteur de l'Iſle de la Chine, vne tempeſte tres-furieuſe s'éleua auec vn vent, qu'ils nomment Typhon. Toutes les autres nauires qui eſtoient

sur Mer, quoy que fortes & d'excellen-
tes voiles se perdirent, la seule barque
qui portoit la teste & le corps du Martyr, bien que beaucoup chargée,& mal
equipée de voiles gagna heureusement,
Macao sans perte ny dommage. Et que
tout cecy soit vray, ie Horace Massa le
iure par les saincts Enangiles de la
Messe.

Nous attendons icy à Rome la teste
de ce premier Confesseur de la Cochinchine par les premiers embarquements,
qui de Goa, où elle se conserue , se fe-
ront en Europe afin de la garder en lieu
decent; mais priué iusques à ce que le
temps soit venu de pouuoir traiter &
procurer à ce seruiteur de Dieu les
honneurs, que la saincte Eglise a de
coustume d'ordonner à ceux qui l'ho-
norent de leur propre sang.

Mission de Camboia.

CAmboia est vn pays de Mores ou
Mahometans ennemis capitaux de
la loy de IESVS-CHRIST, & partant

il n'eſt pas de grande conſequence, quant au fruit qui ſe fait auec les originaires, pource que peu d'entr'eux ſe conuertiſſent, & encor tres-ſecretement, dautant que le Roy a deffendu ſoubs griefue peine d'embraſſer autre loy que la ſienne, neantmoins cette Miſſion eſt tres-profitable à raiſon du grand concours de toutes les nations eſtrangeres, qui abordent icy de toutes parts pour le trafic. Tels ſont les Portugais Eſpagnols, Hollandois, Chinois, Iaponnois & d'autres contrées, auec leſquelles nous pouuons traicter aiſemẽt & librement de leur ſalut.

Nous auons en ce Royaume toûjours deux ou trois Peres bien occupés, qui preſchent & adminiſttent les Sacrements aux Catholiques qui y ſont, les conſeruants en paix, & accordants leurs differents aux occurrences.

G iiij

Mission du Royaume de Laos.

CE Royaume confine auec le Tun-chin, Camboia & Siam. Il a commencé de porter des fruits de la pieté Chreſtienne depuis quinze ans par l'induſtrie de l'vn des compagnons du P. Maſtrilli qui ſe nomme le P. Iean Maria Leria Milanois. Il y eſt entré le premier, & continuë ſon entrepriſe iuſques à preſent, y faiſant heureuſement la recolte des tres-grandes fatigues & trauaux qu'il y a enduré.

Les conuerſions y ont eſté & ſont encore tres nombreuſes. Ce Pere a tellement gagné l'affection du Roy, qu'il a obtenu de luy plein pouuoir de preſcher la loy du Ciel à tous ſes vaſſaux, & de plus à ſon inſtance l'on pourſuit à Macao d'auoir d'autres ouuriers de la Compagnie, pour auancer le labeur de cette vigne de noſtre-Seigneur, & l'on y attendoit à toute heure le P. François Riuas Napolitain, qui a eſté enuoyé de Macao à ce deſſein.

Miſſion de Haynam.

CE Royaume n'eſt pas beaucoup
éloigné de la Chine, quoy qu'il en
ſoit deſtaché. Il eſt tres - abondant en
viures, & on l'eſtime le grenier du Royaume de Canton, comme la Sicile iadis l'eſtoit de Rome. Depuis peu vne
Chreſtienté aſſez nombreuſe s'y eſt
commencée. Deux Peres Portugais la
gouuernoient, & le P. Michel Puini
Polonnois homme d'vn rare talent auec
le P. André Labelli, qui fut porté là
par le courant de l'eau au naufrage,
qu'il fit allant à Tunkin. Comme ce
Royaume eſt voiſin de Macao, d'où facilement & à toute heure l'on pourra le
pouruoir de bons ouuriers : les eſperan-
ces ſont grandes d'y fructifier pleinement, ſur tout pource que le peuple n'y
eſt pas hautain ny difficile à perſuader :
mais pluſtoſt docile & enclin à ſe ſouſ-
mettre au iugement d'autruy.

Ie conclus cette relation en rappor-
tant vne partie d'vn teſmoignage, que

le Seigneur Horace Maſſa ſus nommé
à l'ocaſion d'vne autre choſe rend , pour
ce qui concerne les Miſſions de Macao,
deſquelles il eſt bien informé de ſes pto-
pres yeux, & par l'experience de pluſieurs années: il parle ainſi.

I'adiouſte de plus à ce qui s'eſt dit,
que les Peres de la Compagnie de I E-
S V S en toutes ces Prouinces du Sud,
auſquelles pour la plus grande partie i'ay
demeuré , comme ſont la Chine , le Tu-
chin , la Cochinchine , Camboia &
Laos, ſont de merueilleux progrez en
la conuerſion des Infideles, ſouſtenants
ces Miſſions de leurs tres· penibles trauaux, & encore à leurs grands frais, &
preſchent l'Euangile de noſtre Seigneur
I E S V S-C H R I S T , affectionnants ces
nations à noſtre ſaincte Religion Catholique , & il ſe peut dire', voire on
doit le dire auec toute verité , que ce
ſont eux qui ont commencé, & à preſent
conſeruent les ſuſdites Miſſions auec de
tres notables accroiſſements, & ce que
i'ay dit, ie reïtere à le dire & à l'affermer
auec ſerment ſur le ſainct Euangile. A
Goa ce 9. Ianuier 1648. Ie Horace Maſſa dis & ſigne de ma propre main ce que
deſſus.

C'eſt-ce que i'ay eu à dire briefuement
ſur l'eſtat des Miſſions des trois Prouinces Orientales de noſtre Compagnie,
quj appartiennent à l'aſſiſtance de Portugal, ne touchant point à l'Illuſtre
Prouince des Philippines, laquelle eſt
du reſſort de l'aſſiſtance d'Eſpagne,
dont le diſtrict qui va s'eſtandant par
vn tres-vaſte Ocean, commence non
gueres loing de la Chine. Ie ne parle
non plus des autres Miſſions Orientales, que la Compagnie tient en la Pale-
ſtine & dans les terres du Turc, d'autant qu'elles releuent de l'aſſiſtance de
France, qui les pouruoit de tres-bons
Miſſionnaires à ſes tres-grands couſts &
deſpens.

On pourroit eſtablir d'autres Miſſions, ou au moins l'eſſayer, particulie,
rement en la Tartarie Aſiatique, les
Princes de laquelle fauoriſent en la
Chine nos Miſſionnaires. Ce ſont contrées tres-ſpatieuſes & tres-peuplées;
mais la diſette, non tant d'ouuriers,
comme de choſes neceſſaires à leur entretien, arreſte ces glorieuſes & diuines
entrepriſes, leſquelles, apres le bras de
Dieu, ſont ſeulement poſſibles à la ma-

gnanimité des Princes Chrestiens, desi-
reux & ialoux de l'honneur de IESVS-
CHRIST, & de la Propagation de
noſtre tres-ſaincte Foy. Ie fais icy fin en
rendant tres-humblement à vos Emi-
nentiſſimes Perſonnes les reſpets & deuoirs d'honneur, leurs ſouhaitant auſſi
de Dieu toute proſperité pour le bien
de noſtre Orient & de tout le reſte du
monde. Donné à Rome au mois d'A-
uril 1649.

DE VOS REVERENDISSIMES
EMINENGES, &c.

*Depuis que nous auons receu la preſente
Relation, nous auons appris des nouuelles fort aduantageuſes pour la Religion
dans le grand Empire de la Chine, dont
il ne faut pas fruſtrer le public, puis
qu'elles ont quelque raport à ce qui eſt
couché en cette Relation.*

Extrait d'vne Lettre du P. Antoine Barradas, Superieur de la Maison Professe de Lisbonne, en datte du 19. Iuin 1650.

LE dernier iour de May il arriua vn vaisseau des Indes à Lisbonne apres cinq mois de nauigation. Il apporté de bonnes nouuelles du progrez de la Foy, dans le Royaume de la Chine, c'est à sçauoir que le Tartare qui tenoit encore la ville de Pechin fait grand estat de nos Peres, & leurs témoigne beaucoup d'affection. Mais ce qui est plus considerable, est que les Mandarins qui se retiroient de iour en iour d'auec le Tartare, & abandonnoient son party, ont pris vn certain Prince du sang, & l'ont fait Roy, ayant pour premier Ministre d'Estat, ou pour Collaio, comme ils apellent, vn certain Mandarin qui est Chrestien.

Ce nouueau Roy a dé-ja conquis sept Prouinces : sa Mere, son ayeulle,

la Reyne sa femme, & le Prince leur
fils ont receu publiquement & solemnellement le Baptesme, & le mesme iour
que la ceremonie en fut faite, les Am-
bassadeurs de quelques-vnes de ces
Prouinces arriuerent en Cour, & firent
de leur part serment de fidelité au Roy,
qui demeure ordinairement en la Prouince de Canton, qui n'est pas beaucoup
éloignée de Macao.

Le Roy a enuoyé dans Macao trois
Mandarins Chrestiens auec quantité de
beaux presens, pour estre offerts à Dieu
en nostre Eglise, entr'autres deux Chandeliers d'argent, des Encensoirs, des
Cassolettes & autres vases aussi d'argent, & quelques marcs de mesme me-
tail, pour en faire encore de nouueau,
qui soient propres à l'vsage de ceux qui
disent le diuin seruice. La Reyne a aussi
enuoyé diuers ornemens de soye au P.
Visiteur, & au P. Prouincial du Iapon,
mais beaucoup plus au P. V. Prouincial
de la Chine. Ces riches presens ont esté
offerts auec pompe & ceremonie aux
trois Peres disants la saincte Messe,
comme ils en estoient à l'Offertoire, par

les trois Mandarins accompagnez de leurs Pages.

Le vaisseau qui porta les trois Mandarins dans Macao, estoit orné de voiles de soye, où il n'y auoit point d'autres armes que des Croix, qui estoient faites auec beaucoup d'artifice: Les Capitaines & les Matelots ne prirent pas plustost terre, qu'ils s'écrient à haute voix, nous sommes Chrestiens, chacun s'estonnant fort de ce que l'on faisoit ainsi profession publique de la Foy dans le Royaume de la Chine.

Or plusieurs autres des plus grands ont encores receu le Baptesme auec les personnes que ie viens de dire de la maison Royale, & le Roy mesme tesmoigne vne grande inclination pour les interests de la Religion Chrestienne.

Au reste toutes ces conuersions à la Foy, & toutes ces sacrées offrandes ont esté faites par l'entremise principalement du P. André Xauier, autres-fois dit Vvolphang André Kophlet, natif de Vienne en Autriche, & enuoyé de là aux Indes il y a enuiron huit ans. C'est luy que le Roy a enuoyé en Ambassade

dans Macao auec des Lettres addreſ-
ſantes au Gouuerneur & aux principaux Officiers de la ville, pour leurs de-
mander quelque ſecours. Ils luy accor-
derent trois cens hommes auec de bons
& excellents Capitaines , & quantité
d'armes. Il a maintenant vne armée de
ſoixante mille hommes effectifs diuiſez
en quatre corps, auec leſquels il tient la
campagne, & ſi comme nous eſperons
auec l'ayde de Dieu, il vient à pacifier
les troubles de ſon Royaume, & à receuoir le Bapteſme, comme il y a grande
apparence, tous les Peres de l'Europe
ne ſuffiront pas pour ces Miſſions.

Les affaires de la Religion ſont auſſi
en fort bon eſtat dans le Royaume de
Tunkim, & dans la Cochinchine, nous
auons eu de nos Dogiques ou Catechiſtes qui ont gagné la couronne du mar-
tyré.

Extrait

Extrait d'autres Lettres.

LEs mesmes nouuelles sont encore confirmées de diuers endroits, & principalement de Hollande, quelques-vns adioustans que le Roy ayant fait vœu d'embrasser la Religion Chrestienne si Dieu l'assistoit en cette guerre, & donnoit vn heureux succez à ses armes, la Bonté diuine l'ayda tellement, qu'auec le secours que les Portugais luy enuoierent, il a remporté vne glorieuse victoire de ses ennemis, a repris toutes les Villes & les Prouinces qu'il auoit perduës, & s'est fait Chrestien.

Neantmoins nous attendons la confirmation de cette derniere nouuelle, & ne la donnons pas encore pour asseurée.

Nous auons receu depuis peu de temps d'autres Lettres de Macao, du 8. Octobre 1648. où l'on nous mandoit de la Chine.

La guerre est encore allumée par tout le Royaume. Le Roy est fort genereux, il a de grandes inclinations pour la vertu. Il tient maintenant sept Prouinces, apres s'estre veu reduit à n'en pos-

H

sedet qu'vne. La Reyne sa Mere, & la Reyne sa femme ont esté conuerties & baptisées solemnellement par le moyen d'vn Mandarin Ennuque nommé Aquelin, & du P. André Xauier Alleman de nation. La Reyne vouloit que son fils âgé seulement de huit iours fut baptisé, le P. Xauier en fit refus, si le Roy n'y donnoit son consentement, Il le donna à la priere de la Reyne, & le ieune Prince receut le Baptesme. Le Roy fait bastir vne belle Eglise dans l'enclos de son Palais, en l'honneur du Fils de Dieu. Il a aussi enuoyé en son nom & en celuy de la Reyne sa Mere, & de la Reyne sa femme vn present Royal dans l'Eglise de Macao, qui l'a receu auec grande ceremonie, & auec vn merueilleux étonnement des Portugais. Voila ce que portent ces nouuelles, que i'ay cru, Mon cher Lecteur, vous deuoir estre agreables, en attendant qu'vne plus ample Relation de ce grand Empire paroisse au iour, ce que l'on nous fait bientost esperer.

A la plus grande gloire de Dieu.